老板财税管控：

看懂报表100问

林川 著

中国商业出版社

图书在版编目（CIP）数据

老板财税管控：看懂报表 100 问 / 林川著 . -- 北京 ：中国商业出版社，2022.1

ISBN 978-7-5208-1863-6

Ⅰ . ①老… Ⅱ . ①林… Ⅲ . ①企业管理—会计报表—会计分析 Ⅳ . ① F275.2

中国版本图书馆 CIP 数据核字（2021）第 221246 号

责任编辑：包晓嫱 佟 彤

中国商业出版社出版发行

010-63180647 www.c-cbook.com

（100053 北京广安门内报国寺 1 号）

新华书店经销

香河县宏润印刷有限公司印刷

*

710 毫米 ×1000 毫米 16 开 13.5 印张 205 千字

2022 年 1 月第 1 版 2022 年 1 月第 1 次印刷

定价：68.00 元

****

（如有印装质量问题可更换）

前言

当企业的资产规模不断膨胀，销售规模不断扩大，利润总额不断上升时，却债务缠身、捉襟见肘，为什么？

在企业资金充足、存货充实、人员满编时，却偏偏出现经营困难、力不从心，为什么？

当企业经营能力明显不足时，利润却在一个劲儿地增长。或者，昨天工厂还机声隆隆，今天却忽然变得鸦雀无声，又是为什么？

这些现象绝非偶然。所有的答案，其实都在企业的财务报表里！

别人可以不懂，老板岂能不知？

优秀的老板，不但能读懂财务报表，而且能对报表作出足够的分析。通过对财务数据的分析，可挖掘出对企业经营决策有用的信息，这已成为许多企业老板的一项常态化工作。

可以说，每一个期望了解一家企业，甚至了解一个行业经济情形、运营情形的人，都不会不关注财务报表。实际上，很多优质的企业，危机在其财务报表中便已显现端倪；对于一些未来风险较大的企业，在其财务报表中已有暗示。

正确地通过一家企业财务报表中的数据，对这家企业作出客观而有价值的判断，会给处于不同角色的人带来极大的便利。举例来说，企业管理者平时要处理的问题很多，对于企业运营的细节，或许难以一一去调查、感知，那么，企业经营管理者怎样能够准确地判断出企业的现状，以及未来应该采取什么样的管理措施？无疑，财务报表起着重要作用。比如说，财务报表所反映出的企业资产有没有增加，每年有没有赚钱（即盈利），每年的现金流是否健康，股东的资本是增值还是贬值，等等。通过观看这些数据，并作出精准的分析，可以帮助企业管理者认识到自己的管理是高效的，还是低效的，以及企业未来应该采取什么样的策略。

财务报表分析是一项专业性、实践性较强的工作，要讲究方法，运用特殊的技巧。我们只有真正理解了财务数据，熟练掌握相关财务指标，结合企业实际的发展情况，才能从财务数据中得到有用的信息，从而为企业的经营发展决策提供科学的数据支撑。

本书通过生活化的语言，简单、通俗的实例，解读财务报表的基础理论，诠释财务报表的分析方法，内容通俗易懂，实用性强。对于已经掌握了一定财务知识的人来说，本书可以作为必要的财务补充知识，以及进阶之用；对于刚接触财务报表的人来说，本书也可以作为入门性读物。由于本书在内容阐述上由浅入深，所以可以有效地帮助读者从报表初级使用者到报表高级使用者的过渡，并增强读者的财务报表分析能力。

目 录

第三章

看懂现金流量表——监测企业的"血液循环"

第四章

看懂利润表——不可不查的绩效成绩单

第七章

财务报表分析——准确判断企业财务状况

第一章

财务报表基础知识
——初识财务报表

　　财务报表是财务报告中极为重要的组成部分，而财务报告则是反映企业财务状况与经营成果的一系列书面文件。我们通过阅读一个企业的财务报告，尤其是财务报表，可以比较全面地了解这个企业的经营状况，发现其存在的一系列问题，并作出宏观性的判断。

第1问　什么是财务报表

【案例】

外国投资者A方希望与中方集团公司B成立一家合资企业，双方商定共同出资1 000万美元。集团公司B目前有一个下属公司C，该公司生产的产品与合资企业的产品类似，只是产品全部在国内销售。C公司的经营状况一直不是很好，所以集团公司B希望将该下属公司无偿赠送给未来的合资企业。

外国投资者A方的管理层认为有必要先对C公司的财务状况进行审查，然后再作决定。经过审查，C公司的资产负债表上显示：资产总额为8 000万元，其中，货币资金500万元，应收账款2 000万元，存货2 000万元，固定资产3 500万元；企业负债总额1.1亿元；所有者权益为-0.4亿元。

A方财务顾问在进行深入分析之后认为，应收账款的回收率为70%（可能产生600万元的坏账），存货2 000万元中有些产品已经过时，估计可变现的价值为1 600万元，账面固定资产3 500万元与目前的市场重置成本相当。从账面上看，C公司的实际资产价值只有7 000万元，负债为1.1亿元，公司的实际净资产为-4 000万元。很显然，合资公司接受B公司的赠送，对自己没有任何好处。因此，外国投资者A方决定不接受这个"赠送"。

【解析】

财务报表是指在日常会计核算资料的基础上，按照规定的格式、内容和方法定期编制的，综合反映企业某一特定日期财务状况和某一特定时期经营成果、现金流量状况的书面文件。一套完整的财务报表包括资产负债表、利润表、现金流量表、所有者权益变动表（或股东权益变动表）和财务报表附注。

企业作为以营利为目的从事生产经营活动的经济组织，其根本目的是营利，赚取利润，其经营状况的好坏直接体现在对外披露的财务报告里。财务报表提供的资料与其他核算资料相比，具有更集中、更概括、更系统和更有条理性的特点。事实上，只有深刻地理解了财务报告，才能深刻地理解报告所反映的经济实质，才能对企业财务报告披露的经营业绩作出评价。不管是经营者还是投资者，甚至是企业员工，如果能有效地解读财务报表带给我们的信息，我们就能做到：

（1）如果是投资人，就能从财务报表了解到企业的利润实现情况和利润分配方案，从而了解自己的投资收益如何，可以支配的收益有多少；

（2）如果是债权人，就能知道企业年终负债额的大小，能确认企业是否有足够的现金偿还欠款，至少能知道自己在外资金的风险有多高；

（3）如果是企业员工，就能知道企业这一年的付出，创造的利润有多少，企业未来有多大发展空间，进而确定自己职业规划的方向和步伐等。

第2问 什么是资产负债表

【案例】

甲、乙、丙三人共同成立了一家企业，每人投资100万元，实收资本（股本）为300万元，货币资金为300万元，此时负债为零，资产等于所有者权益，资产负债表左右两边是相等的，也就是说，资产负债表是平的。接下来，这300万元的货币资金被用于投资，企业首先花了200万元购买固定资产，这时货币资金变成100万元，固定资产为200万元，资产负债表还是平的。

企业开始经营，于是从100万元中拿出50万元购买存货，这时货币资金变成50万元。存货变成50万元，这时候资产负债表还是平的。然后其中40万元的存货以60万元的价格卖出，存货剩下10万元，企业收到60万元的货币资金，现在资产负债表左边减少40万元，增加60万元。所以左边变成320万元，而右边一共300万元，此时有利润20万元（暂不考虑税费等其他因素），我们把它叫作留存收益。

接下来，企业为了扩大经营，向银行贷款250万元，其中短期借款为150万元，长期借款为100万元。此时资产负债表左边增加了250万元，右边增加了250万元，仍然是平的。这250万元当中，100万元用于购买土地使用权，这属于无形资产，另外用50万元购买存货。这50万元存货又以70万元的价格卖了出去，但款项还没收到，此时资产负债表左边存货少了 50 万元，同时应收账款增加了 70 万元，右边的利润又增加了 20 万元。然后自然人丁向企业投资 200 万元，此时，实收资本不变，资本公积增加 200 万元。企业用这 200 万元收购了一个供应商，这使长期股权投资增加 200 万元。期末，企业提取法定盈余公积和任意盈余公积 6 万元。到现在为止，该企业资产负债见表 1。

表1 企业资产负债

编制单位： 　　　　　　2020 年 12 月 31 日 　　　　　　单位：元

资产	期末数	负债及所有者权益	期末数
流动资产		流动负债	
货币资金	2 100 000	短期借款	1 500 000
应收票据		应付票据	
实收账款	700 000	应付账款	
预付账款		应付职工薪资	
应收利息		应交税费	
其他应收款		流动负债合计	1 500 000
存货	100 000	非流动负债	
流动资产合计	2 900 000	长期借款	1 000 000
		其他非流动负债	
		非流动负债合计	1 000 000
非流动资产			
固定资产	2 000 000	所有者权益	
长期股权投资	2 000 000	实收资本	3 000 000
无形资产	1 000 000	资本公积	2 000 000
其他非流动资产		盈余公积	60 000
非流动资产总计	5 000 000	未分配利润	340 000
		所有者权益合计	5 400 000
资产总计	7 900 000	负债及所有者权益合计	7 900 000

【解析】

资产负债表是反映企业某一特定日期资产、负债、所有者权益等财务状况的会计报表。

资产负债表根据资产、负债、所有者权益（或股东权益，下同）之间的钩稽关系，按照一定的分类标准和顺序，把企业一定日期的资产、负债和所有者权益各项目予以适当排列。它反映的是企业资产、负债、所有者权益的总体规模和结构，即资产有多少；资产中，流动资产、固定资产各有多少；流动资产中，货币资金有多少，应收账款有多少，存货有多少；等等。所有者权益有多少；所有者权益中，实收资本（或股本，下同）有多少，资本公积有多少，盈余公积有多少，未分配利润有多少；等等。

在资产负债表中，企业通常按资产、负债、所有者权益分类分项反映。也就是说，资产按流动性大小进行列示，具体分为流动资产、长期投资、固定资产、无形资产及其他资产；负债也按流动性大小进行列示，具体分为流动负债、长期负债等；所有者权益则按实收资本、资本公积、盈余公积、未分配利润等项目分项列示。

银行、保险公司和非银行金融机构由于在经营内容上不同于一般的工商企业，导致其资产、负债、所有者权益的构成项目也不同于一般的工商企业，具有特殊性。但是，在资产负债表上列示时，对于资产而言，通常也按流动性大小进行列示，具体分为流动资产、长期投资、固定资产、无形资产及其他资产；对于负债而言，也按流动性大小列示，具体分为流动负债、长期负债等；对于所有者权益而言，也是按实收资本、资本公积、盈余公积、未分配利润等项目分项列示。

第 3 问　什么是利润表

【案例】

有一家销售铅笔的企业，本月购进了两箱铅笔，100 元一箱。如果不考虑税费等其他费用，这两箱铅笔的成本就是 200 元。如果本月卖出去这两箱铅笔，150 元一箱，那么收入是 300 元，营业成本是 200 元。如果发生了 60 元的期间费用，那么，利润总额就是 40（300-200-60）元。如果没有其他的收入和支出项，按 25％缴所得税，那么净利润就是 30（40×（1-25％）元。

稍微变化一下，还是购进两箱铅笔，100 元一箱。本月只销售了一箱，另一箱没卖出去，那么营业收入就是 150 元，营业成本变成 100 元。如果期间费用还是 60 元，其他假设条件不变，那么，利润表上利润总额就是 -10（150-100-60）元。由于亏损不交所得税，因此本月的净利润就是 -10 元。那么没销售出去的那箱铅笔占用的 100 元又反映在哪里呢？其实，它以存货的形式反映在资产负债表上了。等那箱铅笔被销售之后，它就会从资产负债表中的存货转到利润表中的营业成本上去。有了收入和费用，一个利润表就出来了。

【解析】

利润表是反映企业在一定期间经营成果的会计报表，它的作用主要有如下几个方面。

（1）可以反映企业一定期间内收入的实现情况，如实现的营业收入有多少、实现的投资收益有多少、实现的营业外收入有多少等。

（2）可以反映企业一定期间内的各种耗费情况，如耗费的营业成本有多少、营业税金及附加有多少，营业费用、管理费用、财务费用有多少以及营业外支出有多少等。

（3）可以反映企业在一定期间内获得利润或发生亏损的数额，从而衡量企业收入与产出之间的关系。

第 4 问　什么是现金流量表

【案例】

AB 股份有限公司现金流量表显示 2019 年经营活动产生的现金流量净额为 27.93 亿元，净利润加应付款项的增加加各种折旧、摊销加财务费用加存货的减少加应收款项的减少，等于 31.30 亿元，二者相差 3.37 亿元，占经营活动产生的现金流量净额的 12.06%。

2020 年经营活动产生的现金流量净额为 3.69 亿元。净利润加应付款项的增加加各种折旧、摊销加财务费用加存货的减少加应收款项的减少，等于 11.78 亿元，比经营活动现金流量净额多 8.09 亿元。通过进一步比较可以发现，这种差异主要是由递延所得税资产增加了 4.27 亿元，其他项目多了 3.78 亿元造成的，两者合计 8.05 亿元，与 8.09 亿元相近。继续分析，我们可以发现 2020 年递延所得税资产比 2019 年增长了 80.24%，其原因是其他流动负债项目比上一年增加了 4.31 亿元。因此，我们就需要具体分析流动负债项目增加的原因，以及由此而造成的后果。

【解析】

现金流量表是以现金为基础编制的，反映企业一定会计期间内经营活动、投资活动及筹资活动等对现金及现金等价物产生的影响的会计报表。通俗地讲，就是关于企业现金流出和流入的信息表。它的作用主要体现在如下几个方面。

（1）它可以体现出企业的现金净流量信息，从而能够对企业整体财务状况作出客观评价。

（2）它能够说明企业在一定期间内现金流入和流出的原因，或者说能体现出现金来源和去向，从而全面地说明公司的偿债能力和支付能力。

（3）由于它区分了不同经济活动现金净流量，因此其能分析和评价企业经济活动是否有效，对其效率作出评价。

第 5 问　什么是所有者权益变动表

【案例】

A、B、C 三个人各投资 100 万元成立一家公司，公司的注册资金为 300 万元，三人各占1/3 的股份。经营 1 年之后，该公司赢利状况不错，且由于发展需要仍需资金投入，这时 D 想加入该公司（D 是一家风险投资公司）。在这里，我们假设三人经过协商，决定让 D 向企业投资 500 万元，A、B、C、D 四个人各占 1/4 的股份。

那么，当企业收到 500 万元投资时，各报表有什么变化呢？

资产负债表左边的资产增加了 500 万元，右边的所有者权益中，实收资本增加了 100 万元，还有 400 万元则计入资本公积。此时，A、B、C、D 每个股东在实收资本中所占的比例都是 1/4，也就是说他们的股权比例都是 1/4。股东权益变动表会如何体现呢？很简单。在股东权益变动表纵向项目的第三类"本年增减变动金额"中的"所有者投入和减少资本"的第一项"所有者投入资本"，对应表内横向的"实收资本"和"资本公积"项目填列。其中，"实收资本"下列示 100 万元，"资本公积"下列示 400 万元，相应要调整"股东权益合计"，以及最后一行的"本年年末余额"。

【解析】

所有者权益变动表，是反映企业内构成所有者权益的各组成部分在一定期间内增减变动情况的会计报表。通俗地讲，所有者权益变动表就是介绍投资人投入资本及其增值在企业内留存时，分别计入了哪些项目，投资人的这些权益在一定期间内有何变化。

所有者权益变动表的作用主要体现在以下三个方面。

（1）它把企业权益的增加分成了"最终属于所有者权益变动的净利润"和"与经营无关，直接计入所有者权益的利得和损失"两部分，后者是以往我们的财务报告中没有提到过的企业权益的增加，体现了企业综合收益的理念。

（2）它全面地体现了由各项交易和事项导致的所有者权益增减变动的来源和去向，以及所有者权益各组成部分增减变动的结构性信息，有利于报表使用者全面地了解企业所有者权益项目的变化情况。

（3）简化了财务报表资料。以前的财务报表需要通过"利润分配表"来单独说明净利润及其分配情况。而引入所有者权益变动表以后，利润分配作为所有者权益变动的组成部分，不需要单独设表列示，直接通过权益的变动就可以知道利润的来源和去向。

第 6 问 什么是财务报表附注

【案例】

中国国航 2018 年财务报表附注显示，截至 2018 年年底，公司以外币形式持有的货币资金、应收账款、其他应收款分别为 29.46 亿元、5.79 亿元、17.07 亿元，分别占货币资金、应收账款、其他应收款项目账面价值的 37.7%、10.8% 和 56.3%。但公司以外币形式存在的短期借款、应付账款、其他应付款、长期借款、应付融资租赁款等债务分别为 25.74 亿元、37.05 亿元、1.11 亿元、18.62 亿元和 258.74 亿元，分别占短期借款、应付账款、其他应付款、长期借款、应付融资租赁款项目账面价值的 14.7%、22.9%、1.6%、58.5% 和 56.4%，并且这些外币负债主要是美元债务（将近 313 亿元人民币）。对比中国国航外币资产与负债的规模可以发现，外币资产对公司的影响较为有限，而外币负债的影响较为显著，两者相抵后，公司外币净负债大约为 290 亿元，其中美元净债务 264 亿元。如此巨大的汇率风险敞口，是国内其他行业的很多企业难以想象的。

【解析】

财务报表附注是对资产负债表、利润表、现金流量表和所有者权益变动表等报表中列示项目的文字描述或明细资料，以及对报表中未详细说明或未说明的企业财务状况的解释。通过财务报表附注，我们可以更全面地了解企业的经营状况。

财务报表附注是财务报告体系的重要组成部分，在整个财务报告体系中的地位日益突出，具有如下突出的特征。

1. 附属性

顾名思义，既然是"附注"，那么必然是附属于各种报表的；如果没有报表，附注也就没有意义了。财务报表与附注之间存在一种主次关系，其中，财务报表是根，附注则处于从属地位。若没有财务报表的存在，附注就失去了依靠，其功能也就无处发挥；而没有附注恰当的延伸、说明，财务报表的功能也难以有效地实现。因此，两者相辅相成，形成一个完善的有机整体。

2. 解释性

通过前面对财务报表的了解，我们可以知道，财务报表项目是被高度浓缩的会计信息。由于现实中经济业务的复杂性，以及企业在编制财务报表时可能选择了不同的会计政策，所以企业需要通过财务报表附注对财务报表的编制基础、编制依据、编制原则和方法及主要事项等进行解释，从而增加会计信息的可理解性，并使不同企业会计信息的差异更具可比性，便于报表使用者进行对比分析。

3. 补充性

附注在对财务报表进行解释的同时，也拓展了报表信息的内容。在实际运用中，通过报表附注的文字说明，并辅以某些统计资料或定性信息，可以弥补财务信息的不足，从而能够全面反映企业面临的机会与风险，将企业价值充分体现出来，保证了信息的完整性，也有助于报表使用者作出最佳的决策。

4. 建设性

财务报表附注除了解释和补充说明财务报表内容以外，还要对报表的内容加以分析、评价，并有针对性地提出一些工作改进的建议、措施。比如说，附注中通过对市场占有率、投入产出比等信息的描述，有助于企业管理者了解本企业在同行中的地位，发现自己的优势与不足，从而采取措施改善管理，提升企业效益。另外，企业在附注中通过自愿披露企业在安排就业、员工培训、社区服务、环境治理等方面的信息，有助于树立企业的良好形象，促进企业健康发展。

5. 重要性

通过上面的阐述，我们可以知道，财务报表附注的重要性，它的重要性具体表现在以下几个方面。

（1）提高会计信息的相关性和可靠性。在会计信息中，相关性和可靠性是两个基本质量特征。然而，由于财务会计本身的局限，相关性和可靠性难以在报表中尽显。所以，财务报表附注披露可以在不降低会计信息可靠性的前提下提高信息的相关性，比如增加对企业所处行业与市场环境的介绍与分析等，揭示财务数据之间的相互影响与相关性，有助于报表使用者理性认识报表信息。

（2）增强不同行业和行业内部不同企业之间信息的可比性。在实际工作中，会计信息通常由多种因素综合促成，再加上经济环境的不确定性，不同行业的不同特点，以及各个企业前后各期情况的变化，这都会削弱不同企业之间会计信息的可比性，以及企业前后各期会计信息的一贯性。财务报表附注可以通过披露企业的会计政策和会计估计的变更等情况，向投资者传递相关信息，使投资者能够"看透"会计方法的实质，并不被会计方法所误导。

（3）与财务报表主表的不可分割性。财务报表主表与财务报表附注的关系可以概括为：主表是根，附注是补充。财务报表更多的是通过数字进

行定量呈现的，而附注则可以通过定性的方法进行补充与解释，从而使报表要反映的信息更为健全。

6. 必要性

由于报表使用者需要附注的解释、补充以及建设性意见，这都凸显了附注的重要性。基于此，附注在财务报表体系中是很有必要的，或者说是不可或缺的。财务报表的会计信息应该全面而充分地反映企业的财务状况、经营成果及现金流量，不得有意忽略或隐瞒重要的财务数据，从而避免使用者对报表信息产生误解。这便是会计报表信息中的充分披露原则。

然而，作为会计信息的使用者，由于企业内外对信息的不对称性，这就使得报表使用者要想对企业财务信息有全面的了解，除了查看报表数字以外，还需要相关资料的辅助。因此，报表使用者若要充分了解财务信息，就需要从横向来看；要获悉反映企业生产经营全貌的信息，从纵向来看，不仅要看到表露在外的数字，更需要懂得这些数字背后的真实含义。所以，在财务报表之后的附注不可或缺。

此外，为了使财务信息需求方获悉比预期尽可能多的信息，会使报表在信息披露方面承担较大的压力。因为报表中罗列的数字越多，越会加重财务报表使用者的阅读压力，对于报表制作者也产生了更大的压力。在这种情况下，必要的附注文字，显然有助于丰富报表的信息，同时，还增强了财务报告体系的灵活性，使得报表阅读者既可以看到数字，又能看到文字性阐述，有利于完整反映企业生产经营的全貌。

不仅如此，财务报表毕竟属于企业财务报告体系的有机组成部分，如果是纯粹的表格数据，显然会削弱财务报告的阅读性。所以，借助财务报表附注形式，可以增加报表的信息量，也便于人们正常阅读和接受。基于此，我们可知，财务报表的附注，对财务报表而言，是非常有必要的。

第二章

看懂资产负债表
——剖开企业"截面"，诊断经营现状

资产负债表是反映企业在某一特定日期（月末、季末、年末）财务状况的报表，属于静态会计报表。作为老板的你若能读懂资产负债表，就会了解企业所拥有或控制的经济资源及其分布情况，企业财务实力、短期偿债能力和支付能力，企业未来的财务趋势，企业融通资金和使用资金的能力及企业的经营绩效。

第 7 问　什么是资产

【案例】

李先生租了一间厂房和几台织布机，开了一家小型织布厂。现在李先生使用的厂房和机器是不是他的资产？不是。因为此时李先生对厂房和机器只有使用权，没有所有权。也就是说，资产具有排他性，即某项资产的所有权和使用权只归属于某企业。

【解析】

在会计里，资产被定义为，企业过去的交易或者事项形成的，由企业拥有或者控制的，预期会给企业带来经济利益的资源。

资产可以分为流动资产和非流动资产。

流动资产，是指企业可以在一年内或者超过一年的一个营业周期内变现或者运用的资产，是企业资产中必不可少的组成部分，货币资金、应收账款、应收票据、预付账款、其他应收款及存货等都属于流动资产。

非流动资产（也叫长期资产）是指一年以上或者超过一年的一个营业周期以上变现或耗用的资产。流动资产以外的资产就是非流动资产，主要包括长期股权投资、固定资产、在建工程和无形资产等。

第 8 问　资产负债表有什么作用

【案例】

伊利股份与蒙牛乳业是国内最大的两家乳制品企业。两家公司渊源较深，甚至算得上同根同源。伊利股份成立于 1993 年，蒙牛乳业是 1999 年由伊利股份前生产经营副总裁牛根生带领一批伊利核心团队发起创立的——蒙牛乳业完全脱胎于伊利股份。

蒙牛乳业成立后发展快速，势不可当，2004 年在香港证券交易所上市，2007 年成为全球液态奶销售冠军，并在收入规模方面超过伊利股份，成为中国最大的乳业公司。此后几年，两家公司收入均保持快速增长，增速不分伯仲，蒙牛乳业在 2008~2010 年蝉联中国乳业冠军。

但从 2011 年起，蒙牛乳业的收入规模被伊利股份反超，此后差距持续扩大，截至 2018 年年末两家公司收入规模差距超过百亿元。在净利润方面，蒙牛乳业更是被伊利股份远远抛在身后——2018 年两家公司分别实现净利润 30 亿元和 65 亿元，前者不及后者的一半。

尽管蒙牛乳业最近两年实现收入、利润大幅增长，扭转了 2016 年经营亏损的不利局面，期盼重振往日雄风，夺回乳业霸主地位，但借助财务报表分析工具，综合考虑公司掌控的资源、面临的债务负担，如今的蒙牛乳业与伊利股份之间整体实力仍相去甚远。如果伊利股份未来发展不出现颠覆性差错，则蒙牛乳业在短期内实现赶超几乎无望。

从资产方面来看，截至 2018 年末，蒙牛乳业资产规模达 665 亿元，虽然在体量上超过伊利股份（476 亿元）近 200 亿元，但资产质量存在明显差距。其中，商誉 47 亿元，在总资产中占比 7%，应收票据及应收账款 29 亿元——对应 690 亿元的营业收入规模，在总资产中占比超过 4%，货币资金 73 亿元，在总资产中占比 11%。而伊利股份商誉仅为 1 000 万元，在总资产中占比几乎可以忽略不计，应收票据及应收账款 13 亿元——对应 790 亿元的营业收入规模，在总资产中占比不到 3%；货币资金 111 亿元，连同公司购买的国债逆回购、质押式报价回购及保本型理财产品，期末现金及现金等价物 136 亿元——接近蒙牛乳业的 2 倍，在总资产中占比近 30%。相比之下，伊利股份财力更为雄厚。

从负债方面来看，截至 2018 年年末，蒙牛乳业有息负债总额 147 亿元，在总资产中占比 22%；而伊利股份有息负债不到 18 亿元，在总资产中占比不及 4%，两家公司债务负担差异显著。再结合两家公司账面货币资金综合考虑，蒙牛乳业有明显的"存贷双高"嫌疑。

由此可见，在资产质量、债务负担及财务管理方面，蒙牛乳业与伊利股份存在较大差距，短期内很难实现经营业绩的赶超。蒙牛乳业唯有耐下性子，夯实发展基础，踏踏实实地实现稳健发展，才有机会在整体实力方面逐渐提升，再次挑战伊利股份的乳业霸主地位。

【解析】

资产负债表的作用主要有如下几个方面。

（1）能够体现企业在特定时点（比如 2021 年 6 月 30 日当天就是一个时点），拥有的资产及其分布状况。也就是说，它表明的是企业在特定时点所拥有的资产总量有多少。同时，通过资产负债表能了解到流动资产有多少，固定资产有多少，长期投资有多少，无形资产有多少等。

（2）能够表明企业在特定时点所承担的债务、偿还时间及偿还对象。如果是流动负债，就必须在 1 年内偿还；如果是长期负债，偿还期限就超过 1 年。因此，从负债表可以清楚地知道，在特定时点上企业欠了谁多少钱，该什么时候偿还。

（3）资产负债表能够反映在特定时点投资人所拥有的净资产及其形成的原因。依据复式计账法的平衡公式，资产等于负债加股东权益，也就是说，企业的所有资产，除了用来偿还债务外，剩下的不管多少，都归投资人所有。

第 9 问　资产负债率越低越好吗

【案例】

如果有一家企业，资产是 100 万元，其中股东自己投资 40 万元，向银行借款 60 万元。一期运营后，净利润是 10 万元，那么股东的回报率就是用挣的 10 万元除以自己投资的 40 万元，为 25%。如果降低资产负债率，股东投资 80 万元，向银行借款 20 万元，净利润还是 10 万元，此时股东的回报率降到了 12.5%，股东当然不乐意了。

【解析】

资产负债率是人们常用的一个比率，用来衡量企业资本结构的好坏。资产负债率高对企业有什么影响呢？企业的资产负债率太高，债权人的风险就高，自然会担心企业到期不能偿还债务，像银行这样的金融机构也就不敢再给这样的企业贷款，即高的资产负债率可能会降低企业的融资能

力。那么，资产负债率是不是越低越好呢？也不是，太低的话，债权人虽然高兴了，但是股东的利益得不到保障。所以，资产负债率要适中，要找到一个合适的资本结构，既能让企业借到钱、正常经营，又能让股东多赚钱。

第 10 问　什么是应收账款

【案例】

荣华公司是一家电器股份制企业。该公司经营范围非常广，包括电视产品、空调产品、电子医疗产品、电力设备、机械产品、数码相机、通信及计算机产品等。其中彩色电视机是荣华公司的拳头产品，销量长期在国内占据领先地位。

2017 年前后，荣华公司通过大幅降价的策略，确保了在国内彩电市场的领头羊地位。以后几年中，随着竞争对手竞相降价，利润空间越来越小。为了让公司摆脱这种不利的局面，荣华公司迫切希望开拓国际市场，特别是美国市场，通过在国内和国际两个市场发展，以减少经营的风险。

自 2016 年以来，荣华公司的应收账款迅速增加，从 2015 年的 1900 万元增加到 2018 年的近 50 亿元，应收账款占资产总额的比例从 2015 年的 0.3% 上升到 2019 年的 23.3%。

荣华公司不仅应收账款大幅度增加，而且应收账款周转率逐年下降，从 2015 年的 4.67% 下降到 2018 年第一季度的 1.09%，明显低于其他三家彩电业上市公司的同期应收账款周转率。

巨额应收账款大幅度减少了经营活动产生的现金流量净额，从 2015 年的 30 亿元急剧下降到 2018 年的 –30 亿元。截至 2019 年年底，其经营活动产生的现金流量净额为 7.6 亿元。

2020 年 12 月底，荣华公司发布公告称，由于计提大额坏账准备，该公司今年将面对重大亏损。日升公司是荣华公司的最大债务人，应收账款金额达到 38.38 亿元，占应收账款总额的 96.4%。据此，公司决定对该项应收账款计提坏账准备，当时预计最大计提坏账准备金额为 3.1 亿美元左右。

荣华公司 2018 年年报、2019 年年报都显示，日升公司拖欠荣华公司应收账款近 40 亿元。2019 年 3 月 23 日，荣华公司发表的 2018 年年度报告披露，截至 2018 年年末，公司应收账款 49.85 亿元人民币，其中日升公司的应收账款为 44.46 亿元。2018 年 3 月 25 日，荣华公司发表的 2017 年年报显示，荣华公司实现收入 125.9 亿元，实现净利 1.75 亿元，但经营性现金流量为 –29.7 亿元，这是自编制现金流量表以来，荣华公司经营性现金流首次出现负数。截至 2017 年年底，荣华公司应收账款仍高达 42.2 亿元，其中未收回的日升公司的应收账款数额为 38.3 亿元。两相比较，应收账款不降反升。同时荣华公司拥有 70 多亿元的存货，其中 31.2 亿元是库存商品，22.56 亿元是原材料。

【解析】

应收账款反映企业销售商品或提供服务之后应该收取但尚未收到的货款或服务费以及相应的增值税。应收账款与信用销售有关，是现代商业信用的产物。

在权责发生制的记账基础下，企业销售商品或提供服务后，如果满足会计准则中的收入确认条件，便可以在没有资金流入的情况下确认收入，同时账面形成应收账款，即企业当期确认的收入可以只增加收款权、不形成现金流入。在企业信用销售政策与外部市场环境保持稳定的条件下，资产负债表中的应收账款与利润表中的营业收入常常具有一定的对应关系。

在实际经营中，绝大多数企业的应收账款是为了扩大销售而允许客户延迟付款形成的正常商业活动结果，但也有少数企业的应收账款是在没有真实交易背景下虚增收入产生的附属产物。大量学术研究结果表明，多数虚假收入无法取得真实的现金流入，在账面上不可避免地要形成应收账款，其中最为典型的手法就是"渠道填塞"（Channel Stuffing）。

所谓"渠道填塞"，是指一些制造型企业为了增加当期收入与利润、提升经营业绩所采用的一种会计技术手段。通常企业在临近期末时，迫于完成预算目标或者达到资本市场盈利预期的压力，将超过正常市场销量的货物发送给经销商（一般会私下允诺经销商日后无条件退货），在明知超额销售部分，未来将会发生退货，并不会实际取得经济利益流入的情况下，确认不真实的销售收入，同时账面形成大额应收账款。在当期财务报告正式对外披露之后，企业再让经销商将卖不出去的货物退回来，调整下一会计期间的财务数据。企业在与经销商谈判时，如果市场话语权较弱，那么采用这种手段虚增收入往往还需要负担超额发货部分的运输费、仓储费、保险费等相关支出。

"渠道填塞"在汽车、医药、消费品等具有大量经销商的制造型企业中普遍存在。这种伎俩不仅无法从根本上提升企业的真实业绩，还需要企业额外支付相关的运输费、仓储费、保险费等，承担高昂的造假成本，严重损害股东利益。性质恶劣、情节严重的"渠道填塞"行为属于财务欺诈。

就其经济本质来讲，应收账款的产生根源是企业为了促销商品或服务，在客户付款条件方面给予的优惠条款。在收回应收账款之前，客户持

22

续占用了企业的资金，影响了企业资源的整体使用效率。同时，应收账款还面临到期无法收回的坏账风险，尤其是那些账龄较长的应收账款，最终能够收回款项的可能性很低。由此可见，作为一项资产，应收账款的创收创效能力较差，不能算作企业的优质资产。优秀企业的应收账款规模往往很小，甚至没有应收账款。企业只有不断提高自身的竞争力，严格审查客户信用资质，对不合条件的客户拒绝赊销，才能有效控制应收账款的规模。

如果企业应收账款在总资产中占比较大或者异常增加，这就是一个重要的预警信号，需要报表分析者给予足够的重视。上市公司一般会在财务报表附注中详细披露应收账款的账龄情况，应收账款金额较大的客户信息及关联方欠款情况。从市场竞争角度来看，应收账款的大幅增加（增幅远远超过收入增幅），即便排除"渠道填塞"等人为操控因素的影响，也可以反映出企业产品或服务在市场上竞争地位的下滑，企业未来盈利前景不容乐观。

第 11 问　什么是其他应收款

【案例】

2018 年 11 月，北京国川富美科技集团有限公司以现金支付北京世捷安方物业管理有限公司水电费押金 3 000 元，针对该笔交易，北京国川富美科技集团有限公司 2018 年 11 月应做会计分录如下：

借：其他应收款　　　　　　3 000

　　贷：库存现金　　　　　　3 000

【解析】

其他应收款是指除了应收账款、应收票据以外的其他应收或暂付的款项。

其他应收款的发生一般与企业的正常生产经营活动无直接联系，因而性质上属于非营业应收项目。其核算内容主要包括：预付给企业内部各部门及职工个人的备用金；收取的各种赔款、罚款；存出的保证金；应收利息或股利；应向职工收取的各种垫付款项等。其他应收款是企业的一项流动资金，属于短期性债权。

第 12 问　什么是预收账款

【案例】

2020 年年初 ST 东锅对外的财务报表显示，该企业总股本为 2 亿元，上年年销售收入为 20 亿元，但打开其资产负债表，预收账款却非常扎眼——公司上年的预收账款竟超过 36 亿元。结合这个企业的产品，主要是供应电厂锅炉。在电站还没有建好前，电站能预付多少货款呢？由此可以推测该企业报表有问题，至少，应对其预收账款挂账金额如此巨大表示怀疑。

【解析】

预收账款是企业按照合同规定向购货单位预收的款项。如果一个企业不存在舞弊行为，则预收账款不需要被关注。事实上，在各期经营状态没有明显变化时，企业的预收账款也应该保持在一个比较稳定的范围内。但是，因为预收账款作为企业收入实现的"暂存性"项目，有的企业为了延后确认收入，可能会把已经销售的货物且客户又不需要发票的收入长期挂在该项目下，达到避税或者人为操作报表数据的目的。

第 13 问　什么是应付职工薪酬

【案例】

2018 年，某银行的年报披露，截至 2017 年年末，该公司应付职工薪酬余额为 62.9 亿元，较当年年初增加了 22.6 亿元。而某银行员工总数为14 000 人左右，这么一算的话，该公司人均工资结余高达 45 万元，如果每个员工都有 40 万元的工资没有发放，那么这个企业的财务问题就不小了。是没有钱可以发，还是借用这个项目来达到其他目的呢？这个项目的年末和年初数的变化，马上就能让我们对其财务报表产生怀疑。

【解析】

应付职工薪酬是指企业根据有关规定应付给职工的各种薪酬，包括工资、奖金、津贴和补贴，职工福利费，医疗、养老、失业、工伤、生育等社会保险费，住房公积金，工会经费，职工教育经费，非货币性福利等因向职工提供服务而产生的义务。该项目包括职工在职期间和离职后提供给职工的全部货币性薪酬和非货币性福利。提供给职工配偶、子女或其他被赡养人的福利等，也属于职工薪酬范围。

从其定义和范围来看，应付职工薪酬体现的是企业使用各种人力资源所付出的全部代价，以及产品成本中人工成本所占的比重。我们依据资产负债表列示的该项目余额和财务报表附注提供的本期数据，可以分析评估企业人力资源的劳动效率，还可以通过该项目不同年度的发生额，对企业生产经营趋势作出评价，甚至可以洞察企业的某些异常动向。

第 14 问　什么是应付利息

【案例】

一个企业几年以来长期借款均为 100 万元，历年末应付利息余额在 3 万元左右，本期末应付利息却达到 20 万元，我们就要有疑问，是什么原因导致企业应付利息突然增加？可能是本年企业全年拖欠利息（一般银行都会要求企业按季度归还利息，所以资产负债表日显示的应付利息为第四季度尚未支付的利息）？但是仔细一算，也不对，一个季度 3 万元，全年也就在 12 万元左右。后来会计师事务所的审计报告中说明性的文字告诉我们，企业正在新上一个项目，但从银行融资失败，故采用了高利息向员工筹资的方式，一次性筹资 300 万元，全部挂账在"其他应付款"科目，年底预提了这部分借款的利息支出，由此，应付利息异常帮我们揭开了企业非正常融资的面纱。

【解析】

应付利息用来核算企业按照借款合同约定应支付的各种利息，包括分期付息到期还本的长期借款、企业债券等应支付的利息。由于应付利息直接与企业借款相关，所以，我们可以通过该项目的报表数反向推算确认企业长期借款和企业债券是否列示完整。

第 15 问　应交税费包括什么

【案例】

国川国际建设有限公司作为一般纳税公司，日常经营涉及的税种主要有增值税、附加税、企业所得税、个人所得税、印花税等，按月向主管税务机关申报纳税并上报财务数据。

在国川国际建设有限公司进行日常财务核算时，以增值税为例，财务人员会根据当月收取和开出的发票、税务局认证情况以及税务局申报缴纳情况及时入账。

国川国际建设有限公司账目中，在"应交税费"科目下设置"应交增值税"和"未交增值税"两个二级明细科目进行核算，在"应交增值税"科目下设置"进项税额"和"销项税额"两个二级明细科目进行核算，"进项税额"反映公司各工程运行时购进设备、采购工程原材料或接受劳务支付的、按规定准予抵扣的进项税额；"销项税额"反映公司提供工程建设服务对应的销项税额；"应交增值税"期末借方余额反映公司尚未抵扣的增值税。

"未交增值税"明细科目的借方发生额，反映公司月终转入的多交的增值税；贷方发生额，反映公司月终转入的当月发生的应交未交增值税；期末借方余额反映多交的增值税，贷方余额反映未交的增值税，国川国际建设有限公司在 2021 年 3 月末没有未交的增值税，所以金额为零，见

表2。

表2 未交增值税明晰科目

编制单位：国川国际建设有限公司　　　2021年3月31日　　　单位：元

应交税费		期末余额	
二级科目	明细科目	借方	贷方
应交增值税		60 491 89	0
	进项税额	212 681.30	0
	销项税额	0	152 189.41
未交增值税		0	0

【解析】

应交税费是用来核算企业按照《税法》等规定计算应缴纳的各种税费，包括增值税、消费税、营业税、所得税、资源税、土地增值税、城市维护建设税、房产税、土地使用税、车船使用税、教育费、附加费、矿产资源补偿费等。企业代扣代缴的个人所得税等，也通过该科目核算。企业不需要预计应交数，直接计算缴纳的税金，如印花税、耕地占用税等，不在本科目核算。

税费与企业的生产经营息息相关，我们依据资产负债表列示的该项目余额和财务报表附注提供的本期发生额，可以了解企业的很多信息，比如在没有减免税优惠的情况下，如果一个企业的收入非常高，但其缴纳的税费却非常低，那么我们就需要关注其是否有偷逃税款的行为。反过来，如果一个企业本期的收入同上期相比没有明显的增长，而本期税费却增加了很多，我们就需要了解企业是否因为上期违反《税法》而补征税款，或者行业税率有什么样的调整，这种变化对企业本期和以后的经营会产生什么样的影响等。

第 16 问　什么是其他应付款

【案例】

国川国际建设有限公司的其他应付款科目设置较为简洁，主要记录了与企业的主营业务没有直接关系的应付、暂收其他单位或个人的款项，二级科目是按照应收暂付社保局和公积金管理中心的款项和企业应付、暂收其他单位或个人的款项来设置的，分别为"应付社保局款项""应付公积金管理中心款项"以及以员工和单位名称命名的明细科目。各期末社保公积金款项均结算清楚，员工个人往来金额较小。

【解析】

其他应付款是指除应付账款、应付票据、预收账款、应付职工薪酬、应交税金、应付股利等经营活动以外的其他应付、暂收款项。如应付租入包装物租金、存入保证金、职工未按期领取的工资、应付的暂收所属单位、个人的款项等。其他应付款是财务会计中的一个往来科目，所以，通常情况下该科目只核算企业应付其他单位或个人的一些零星款项。虽然不同年度内其绝对值变化额没有明显的规律，但一般不会太高。如果企业其他应付款突然过高，就需要关注其原因。

第 17 问 什么是坏账准备

【案例】

泰山电器从 2017 年开始大规模拓展海外市场，形成了巨额的应收账款。为了避免出现亏损，公司必须严格控制当期的费用与损失，因此对账面大额应收账款没有按照行业标准计提合理的坏账准备。根据测算，包括泰山电器在内的国内 18 家生产日用电子器具的上市公司在 2017~2019 年平均坏账准备率——坏账准备除以应收账款账面余额所得到的比率，分别为 3.6%、8.4%、7.3%，而泰山电器同期的坏账准备率只有 0.1%、0.1%、1.9%，远低于行业平均水平。

泰山电器人为压低坏账准备率，在 2017~2019 年为账面几十亿元的应收账款分别只计提了 207 万元、335 万元和 9 503 万元的坏账准备，没有合理反映坏账风险，在一定程度上隐瞒了坏账损失、虚增了利润，引起了证券监管部门与社会大众的广泛关注和强烈质疑。在巨大的社会压力之下，泰山电器于 2020 年为应收账款提取了 25 亿元的坏账准备，坏账准备率快速上升至 54.4%，因此公司当年出现巨额亏损。

【解析】

应收账款源于企业的赊销活动，本质上体现为商业信用，存在信用违约风险。一旦客户无法还款，应收账款便成为坏账，给企业造成经济损失。在权责发生制和谨慎性原则要求下，企业不能等到坏账实际发生时才确认坏账损失，而是要在应收账款形成后持续关注账款质量，根据历史经验或客户的财务状况判断应收账款收回的可能性，对预期无法收回的部分提前确认坏账损失。一般情况下，随着欠款存续时间（即账龄）的延长，发生坏账的风险也不断加大，坏账损失的金额会相应增加。

因此，会计准则要求，企业在形成应收账款后，会计人员要根据历史经验及客户的财务状况等信息，定期评估应收账款收回的可能性，对预计无法收回的应收账款事先提取准备金，作为坏账准备，降低资产价值，同时确认坏账损失，计入资产减值损失账户，减少当期利润。

坏账准备是应收账款的备抵账户，即用来抵减应收账款资产价值的账户。因为应收账款属于资产类账户，所以坏账准备可以理解为资产的抵减项目，即一种"负"资产——在复式记账法下，其记账规则与资产类账户刚好相反。坏账准备账户要么期末余额为零，要么期末存在贷方余额。如果账户期末余额为零，则意味着企业判断应收账款不存在发生坏账的可能，无须计提坏账准备。如果账户期末存在贷方余额，则意味着企业判断应收账款将会发生坏账，并且坏账准备的余额越大，说明企业未来发生坏账损失的可能性越大，可以收回的应收账款越少。

企业提取坏账准备后，实际出现坏账时，要同时减少应收账款与坏账准备两个账户，并不影响当期损益——企业此前为应收账款预提坏账准备时已确认坏账损失。由此可以看出，在会计核算过程中，应收账款账户余额的减少，要么表示款项已经实际收回，要么表示款项确实无法收回，作为坏账进行了注销，两种情况都是基于确定的事实；而预先估计的坏账损失——并非发生事实性坏账，要单独通过坏账准备账户来反映，不能直接调整应收账款账户。

按照会计准则的规定，企业在提取坏账准备时，要对单项金额重大的应收账款单独分析，判断发生坏账的可能性，如果预计应收账款的未来实际可收回金额下降，则需要为该笔应收账款提取坏账准备。对于未单独计提坏账准备的应收账款，一般可以依据账龄长短划分为不同的资产组合，分别提取坏账准备。通常情况下，账龄越长，预计坏账率越高，提取的坏账准备越多。

第 18 问　预收账款与合同负债有什么区别

【案例】

在公司产能限度内，预收账款的金额越大就越说明公司提前签订销售合同积累的订单越多，未来收入和业绩越有保证。表3列出了2014~2018年万科公司年初预收款项与当年营业收入的数据。从表3可以看出，年初的预收款项（即上年年末的预收款项）与当年的营业收入存在较为明显的正相关关系，可以为形成当年营业收入提供可靠保障。万科公司2018年12月31日的合同负债（新的收入准则要求企业将合同约定预先收到的款项作为合同负债进行核算）金额超过5 000亿元，由此可以推断万科公司短期内的营业收入和经营业绩具有一定的支撑和保障见表3。

表3　万科公司2014~2018年年初预收款项与营业收入对比 单位：亿元

项目	2014年	2015年	2016年	2017年	2018年
年初预收款项	1 555	1 817	2 126	2 746	5 047
营业收入	1 464	1 955	2 405	2 429	2 977

资料来源：万科公司2014~2018年年报。

【解析】

预收账款与合同负债是企业收到客户预先支付的款项而形成的负债。两者之间的区别在于企业是否与客户签订合同。在双方未签署合同的情况下，预先收到客户支付的款项确认为预收账款。如果双方已经签订合同，则客户按照合同约定进度支付的款项作为合同负债处理。与其他负债不同，预收账款与合同负债一般不需要企业用银行存款或现金偿还，通常是以发出商品或提供服务的形式偿还的。只要企业的生产能力、服务能力可以满足客户的需求，能够按时发货或提供服务，这类负债就不会增大企业的财务风险。

企业在发出商品或提供服务之后，要减少预收账款或合同负债的账面余额，同时增加当期营业收入。因此，账面上某一时点的预收账款或合同负债实际上是企业未来可确认收入的前期阶段，其增减变化对预测后续期间的营业收入及经营业绩意义重大，是财务报表中为数不多的先行财务指标之一。

按照商业惯例，企业有权自行支配预先收到的货款或劳务费，可以直接用于购买原材料、支付工人工资等日常生产经营活动，也可以偿还到期借款、进行投资等。预收账款或合同负债可以作为企业筹集资金的重要来源。与长（短）期银行借款、发行债券及股权融资相比，预收账款或合同负债取得的资金不需要支付利息或股利，没有任何融资成本，一般只需企业按照合同约定提供商品或服务，偿债压力较小，具有明显的融资优势。因此，企业在产能限度内形成的预收账款或合同负债是企业的一种良性负债。

第 19 问 什么是存货

【案例】

丰田公司、戴尔公司等很多国际知名制造型企业在存货管理中都采用了适时存货管理模式。这种存货管理模式的目标是：做好企业存货采购、生产、组装、发送各个环节的有效衔接，尽可能做到以销定产，严格控制存货规模，甚至实现"零存货"，以降低存货存储与管理成本，减少存货对资金的占用，提高企业的运营管理效率。

不过，适时存货管理模式并不适用于所有企业，一般只有某些行业的大型企业才有资格、有条件使用。在与供应商的沟通中，大型企业通常处于相对有利的谈判地位，可以要求供应商在供货方式与运送时间方面做出一定调整与让步，从而减少材料与零部件在大型企业存储的规模，缩短存储时间，降低存储与管理成本，控制存货积压过季降价出售带来的价值损失。

需要注意的是：大型企业通过采用适时存货管理模式对存货进行精细化管理，节约的成本主要来自两个方面：一是通过提升运营效率节省一部分存货存储和管理的相关成本；二是将部分本来由自身负担的存货存储和管理成本转嫁给上游供应商，由供应商承担。企业不可能通过提高效率彻底消除存货存储与管理的全部成本，但过度转嫁成本也会导致企业与供应商之间的合作关系受到破坏，对供货质量、运送时间等方面产生负面影响，从而可能影响企业正常的生产运营。因此，对于大型企业来说，实施适时存货管理也需要全面衡量、调整与供应商的关系。小型企业通常不具有市场话语权，很难要求供应商根据自己的生产安排供应原材料或关键零部件，也无法将存货的存储与管理成本转嫁给供应商，所以不适宜采用适时存货管理模式。

此外，炼油、化工、钢铁等一些特殊行业的企业由于固有的生产特征，需要某些生产装置保持持续运转状态，以确保生产过程的安全、高效、经济。一旦原材料供应出现短缺导致生产装置停工，就会造成巨大的经济损失，甚至出现重大安全事故。因此，这类企业也不适宜采用适时存货管理模式。

至于沃尔玛、永辉超市一类的传统零售企业，其自身特有的竞争优势就在于顾客购物的便利性和选择的多样性，也不适宜采用适时存货管理模式。

【解析】

企业在日常活动中持有的准备对外出售的产成品或库存商品、处在生产加工过程中的在产品、为生产产品或提供服务而准备的材料和物料统称为存货。

存货是制造型企业与商业企业取得销售收入的直接物质基础，是一项非常重要的流动资产。制造型企业的存货通常包括以下几种：购入的拟在生产过程中使用的材料、物料（被称为原材料）；单位价值较低或使用年限较短的生产工具、劳动资料（被称为低值易耗品）；处在生产过程中的未完工产品（被称为在产品）；加工制造后的完工产品（被称为产成品）；由生产车间转交仓库存放保留准备对外出售的产成品（被称为库存商品）。对于商业企业，购入准备出售的商品被称为库存商品。

制造型企业产成品的制造成本主要由三部分组成：直接材料成本、直接人工成本和制造费用，习惯上被简称为"料""工""费"。直接材料成本指生产制造过程中消耗的与产品直接对应的原材料价值。直接人工成本指与产品直接对应的生产工人薪酬与福利支出。制造费用包括生产车间的水电费、管理人员的薪酬与福利支出、生产厂房和机器设备的折旧费等。

制造费用通常与多个种类或多个批次的产品相关，因此需要采用一定的标准在不同种类或不同批次的产品之间进行合理分摊。管理会计中重点研究如何合理分摊制造费用，如何正确核算产品成本属于成本会计的内容。

财务报表中列示的存货项目只披露存货总的账面价值，中国证监会要求上市公司在财务报表附注中详细披露存货的具体种类及各自的金额。存货中的库存商品一旦对外售出，企业就要相应减少存货价值。减少的这部分存货价值是为了取得当期收入而必须付出的实物代价，确认为一种当期费用，计入主营业务成本，在利润表中体现为营业成本的增加。

由于存货是制造型企业和商业企业营业利润的主要来源，因此其构成与变化趋势具有重要的经济含义。如果存货中的产成品或库存商品大幅增加，则可能意味着企业在市场竞争中出现了问题，销售压力增大，形成产品积压，企业的生存发展将面临挑战，需要报表使用者予以关注。为了避免出现存货积压，尤其是库存商品积压，企业在日常经营管理过程中需要密切跟踪行业动向，不断改进设计、提升产品性能质量与服务标准、合理安排生产、作好存货管理。

第 20 问　同质存货的成本结转有几种计价方法

【案例】

某炼油厂于 2018 年 7 月分两批采购原油，第一批采购 100 吨，每吨 4 000 元，第二批采购 100 吨，每吨 5 000 元，假定两个批次采购的原油是同质的，不存在质量差别，并且炼油厂 7 月初没有原油库存，当月炼油过程中共消耗 140 吨原油，当期减少的原油价值是多少？剩余原油的价值是多少？

【解析】

同质存货的成本结转有三种计价方法供企业选择。

第一种计价方法是先进先出法。这种方法假定企业最先购入的材料或商品的采购成本被最先结转使用。上面的炼油厂例子在先进先出法下，先购入的 100 吨原油的成本被最先结转，因此当期减少的原油价值为 600 000（4 000×100+5 000×40）元，期末剩余原油的价值为 300 000（5 000×60）元。国内零售商苏宁易购使用的存货计价方法就是先进先出法（参见苏宁易购 2018 年年报）。

第二种计价方法是后进先出法。与前一种方法刚好相反，这种方法假定企业最后购入的材料或商品的成本被最先结转使用。上面的炼油厂例子在后进先出法下，后购入的 100 吨原油的成本被最先结转，因此当期减少的原油价值为 660 000（5 000×100+4 000×40）元，期末剩余原油的价值

为 240 000（4 000×60）元。美国石油公司埃克森美孚使用的存货计价方法就是后进先出法（参见埃克森美孚 2018 年年报）。

第三种计价方法是加权平均法。即根据不同批次购入的材料或商品的成本计算出该类别存货的加权平均成本，使用加权平均成本计算当期减少存货的成本。上面的炼油厂例子在加权平均法下，两批原油的加权平均成本为 4 500［（4 000×100+5 000×100）／200］元，当期减少的原油价值为 630 000（4 500×140）元，期末剩余原油的价值为 270 000（4 500×60）元。

第 21 问　什么是无形资产

【案例】

在 Interbrand 公司发布的 2018 年全球最具价值品牌百强排行榜中，苹果公司以 2 145 亿美元的品牌价值蝉联榜首，但截至 2018 年 9 月 29 日（公司 2018 会计年度的截止日期），苹果公司资产负债表中并未单独披露商誉与无形资产金额，有可能包含商誉与无形资产的其他非流动资产账面价值为 223 亿美元，与评估结果差距较大。

【解析】

企业拥有或控制的没有实物形态的可辨认非货币性长期资产属于无形资产。无形资产主要包括土地使用权、特许经营权、商标权、专利技术及计算机软件等。尽管往来款项中的长期应收款也没有实物形态，但其具有固定的收款金额，属于货币性资产。货币性资产不属于无形资产的范畴。无形资产具有可辨认的特征是指经济资源可以脱离企业独立存在或进行交易，企业自身良好的信用与口碑不满足这一条件，因此不能作为无形资产进行核算。

无形资产的确认需要满足两个条件：一是与该无形资产有关的经济利益很可能流入企业；二是该无形资产的成本能够可靠地计量。企业用于广告宣传方面的支出虽然实际受益期可能超过一年，但未来能否带来经济利益及究竟能够带来多大的经济利益存在较大的不确定性，无法满足第一个条件，因此出于谨慎性原则的考虑，广告宣传支出不被确认为企业的无形资产，而是作为一种费用，计入当期销售费用。

国际会计准则与我国企业会计准则目前均把企业内部的研究与开发支出区分为研究阶段支出与开发阶段支出。研究阶段的活动被认为是探索性的，其研究结果具有较大的不确定性，相应的支出要当期费用化，确认为研发费用，不形成无形资产；开发阶段的活动未来获取收益的不确定性相对较小，如果满足一定的条件，则其支出可以资本化，确认为无形资产。不满足资本化条件的开发阶段支出，确认为研发费用。

企业经过长期经营或成功打造所形成的品牌，有助于将企业的产品（或服务）与其他竞争对手的同类产品（或服务）区分开来，具有品牌价值的产品（或服务）通常比不具有品牌价值的产品（或服务）能够获得更大的销量和更高的售价，使拥有品牌的企业在市场竞争中能够获得更多的经济利益。因此，就其本质来说，品牌也是一种无形资产。在财务会计中，企业通过自身长期积累所形成的品牌由于无法可靠计量其成本，因此不被确认为无形资产，但企业从外部购入的品牌或商标具有明确的购买成本，可以确认为无形资产。

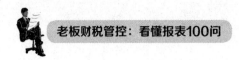

第 22 问　什么是折旧

【案例】

从 2011 年开始，随着国内基础设施建设、房地产投资及汽车制造等下游产业发展速度放缓，钢铁行业市场需求疲软，产能严重过剩，很多钢铁企业利润大幅下滑，甚至出现严重亏损。为了减轻经营业绩压力，多家钢铁企业纷纷延长固定资产折旧年限，减少当期折旧费用，以达到增加账面利润的目的。

鞍钢股份从 2011 年 10 月 1 日起调整固定资产折旧年限，房屋、建筑物的折旧年限由原来的 20 年调整为 30 年，机器设备的折旧年限由原来的 10 年调整为 15 年，受此影响，第四季度减少折旧费用 4.9 亿元，增加净利润 3.7 亿元。武钢股份从 2012 年 4 月 1 日起将房屋建筑物及机器设备类固定资产折旧年限延长 3 年，当年减少折旧费用 5.9 亿元，增加净利润 4.5 亿元。此外，新钢、柳钢、马钢、南钢等企业也先后做出类似调整，减少当期折旧费用，提升公司业绩。

由此可以看出，企业固定资产折旧年限、残值率的确定更多地来自传统习惯或行业惯例，并不具有太多的科学标准。当行业内的多家企业迫于经营业绩压力先后改变折旧年限或残值率时，虽然账面利润确实得到改善，但企业真实的盈利能力并没有得到提升。

【解析】

企业购建的固定资产或无形资产，要按照资产达到可使用状态前所发生的一切合理的、必要的支出确认为资产的初始入账金额，具体包括购买价款、包装费、运输费、安装成本、相关借款利息、汇兑损益等。确认了资产的初始入账金额后，会计准则要求企业在资产使用期限内采用系统的方法将固定资产、无形资产的购建成本合理地分摊到各个使用期间或所生产产品的成本，这个分摊资产购建成本的过程被称为折旧或摊销。每个会计期间，会计人员都要为固定资产提取折旧、对无形资产进行摊销，来反映这些资产在正常使用过程中的价值损耗。

第 23 问　什么是年限平均法

【案例】

国川国际建设有限公司由于透水混凝土工程需要，在项目开工前向供应商采购了一台整平机，按照固定资产分类为机器、机械和其他生产设备，使用年限为 10 年，残值率 5%，使用年限平均法计提折旧，设备含税价为 28 000.00 元，初始入账金额为 24 778.76 元，对应进项税额 3 221.24 元，按照残值率计算预计残值为 1 238.94（24 778.76×5%）元，年限平均法下，每年应提取折旧 2 353.98［（24 778.76–1 238.94）÷10］元，平均至每个月要提取折旧 196.17 元。

【解析】

在实际操作中，折旧和摊销的方法有很多种，最为常见的是年限平均法，也叫直线法。通常，企业的会计人员在固定资产与无形资产投入使用时，需要为资产估计使用寿命和残值（或残值率）——预计资产在使用年限结束时的价值。用资产的初始入账金额减去残值后得到的是应计折旧额（或应摊销额），用应计折旧额（或应摊销额）除以使用年限，便得到每年的折旧（摊销）费用，每年的折旧（摊销）费用除以12就得到了每个月的折旧（摊销）费用。这种方法使企业每年产生的折旧（摊销）费用相等，因此被称为年限平均法。

根据对2018年度国内上市公司折旧方法的调查，95%以上的公司选用年限平均法。众多公司偏爱年限平均法的主要原因是，这种方法简单，易于操作，并与税务会计的规定一致。但此种选择未必科学、合理。使用年限平均法计提折旧（摊销）费用含有一个潜在假设：固定资产或无形资产实际使用情况比较均匀，每年为企业带来的经济利益大致相当。但现实世界中，这个假设常常无法得到满足。

由此可以看出，财务会计其实并不是一门非常严谨的学科，实际操作中很多会计核算只是遵循职业传统习惯，财务报表中很多项目的具体数字并不能做到科学、精准。即便如此，如果同一家企业持续使用同样的折旧（摊销）方法，或者不同的企业使用同样的折旧（摊销）方法，对这些结果进行分析比较还是具有参考价值和现实意义的。

很多公司会在财务报告中披露不同类别固定资产的使用年限（即折旧年限）、残值率（3%、5%较为常见）及年折旧率（用1减去残值率后再除以使用年限得到的比率）。在固定资产初始入账金额不变的情况下，残值率越高、折旧年限越长，年折旧率越低，每年负担的折旧费用越少。

第 24 问　什么是累计折旧

【案例】

2018 年 11 月，北京国川富美科技集团有限公司购入摄影器材，企业采用年限平均法提取固定资产折旧，2018 年 12 月"固定资产折旧明细表"中确定的折旧额为：管理部门 61.43 元，编制会计分录如下：

借：管理费用　　　　　　　　61.43

　　贷：累计折旧　　　　　　　　61.43

【解析】

"累计折旧"账户属于资产类的备抵调整账户，其结构与一般资产账户的结构刚好相反，累计折旧是贷方登记增加，借方登记减少，余额在贷方。累计折旧指企业在报告期末提取的各年固定资产折旧累计数。该指标按会计"资产负债表"中"累计折旧"项的期末数填列。

设置"累计折旧"账户后，计提折旧时，不减少"固定资产"账户的金额，"固定资产"账户始终反映固定资产的原值。同时，"累计折旧"账户的贷方余额可以反映固定资产的累计折旧数额。此外，"固定资产"账户的借方余额减去"累计折旧"账户的贷方余额可以得到固定资产的净值。

注：《财政部税务总局关于设备器具扣除有关企业所得税政策的通知》（财税〔2018〕54 号）第一条规定，企业在 2018 年 1 月 1 日至 2020

年 12 月 31 日期间新购进的设备、器具，单位价值不超过 500 万元的，允许一次性计入当期成本费用在计算应纳税所得额时扣除，不再分年度计算折旧。

第 25 问　什么是长期待摊费用

【案例】

永辉超市的财务报告显示，公司的长期待摊费用主要包括门店装修改良支出、房屋租金等。该公司门店装修及改良支出具体分为两类：一类是新门店开业前的经营和办公场所装修及改良支出，在预计最长受益期（10 年）和租赁期孰短的期限内按直线法进行摊销；另一类是已开业门店的二次（或二次以上）装修及改良支出，在预计最长受益期（5 年）和剩余租赁期孰短的期限内按直线法进行摊销。房屋租金支出在受益期内平均摊销。

【解析】

企业发生的、应由以后各期共同负担的各项长期支出，包括预付的长期租金、租入房屋建筑的装修费，以及摊销期在 1 年以上的固定资产大修理支出等，在账面上确认为长期待摊费用。长期待摊费用账户虽然名称中出现了"费用"字样，但其属于企业的一种长期资产，要在受益期间内平均摊销。最常见的长期待摊费用就是企业支付的装修费、租赁费、保险费等。

第 26 问　企业持有的常见金融资产有哪几类

【案例】

2020 年 1 月，两市共有 706 家 A 股上市公司披露了 2019 年业绩预告。报告期内，不少公司由于按照新金融工具准则确认金融资产公允价值变动收益和取得股权转让收益，实现了业绩大幅增长。

永安行发布 2019 年度业绩预增公告，预计 2019 年全年实现归属于上市公司股东的净利润 4.88 亿元至 5.36 亿元，同比增长 310% 至 350%。报告期内，公司持有的金融资产大幅升值。此外，新产品的投入为共享出行平台的收入带来了增长。

泰格医药预计 2019 年全年实现归属于上市公司股东的净利润 7.95 亿元至 9.02 亿元，同比增长 68.45% 至 91.13%。报告期内，公司主营业务持续增长。此外，公司 2019 年度非经常性损益金额为 2.5 亿元至 3.5 亿元，系公司按照新金融工具准则确认的金融资产公允价值变动收益和取得股权转让收益所致。

不少公司因持有的金融资产估值大幅提升，报告期内得以扭亏。麦达数字预计 2019 年实现归属于上市公司股东的净利润 1.2 亿元至 1.6 亿元，同比扭亏。业绩增长的原因之一为，根据新金融工具会计准则的规定，公司将部分投资项目记入"以公允价值计量且其变动计入当期损益的金融资产"，由于公司前期布局投资的麦盟科技、六度人和、富数科技等，在

2019年度完成新一轮市场化的股权融资，估值大幅提升，因此产生大额公允价值变动收益和投资收益。

【解析】

企业持有的常见金融资产按照品种类别主要可以划分为两大类：债权资产与股权资产。最典型的债权资产就是企业投资的债券；最典型的股权资产就是企业投资的股票。中国企业会计准则从会计核算角度将金融资产划分为以摊余成本计量的金融资产、以公允价值计量且其变动计入当期损益的金融资产及以公允价值计量且其变动计入其他综合收益的金融资产。其中，以摊余成本计量的金融资产用于核算企业购入的仅以收取利息形式获利的债权投资——不准备在到期日前出售的债权资产。这类金融资产的获利情况与资产的公允价值无关，只要债权合同中约定的还本付息时间与金额确定、购入资产的价格确定，债权投资未来将会取得的投资收益及收益率就被确定下来（债务人出现无法还本付息的情况除外）。企业只需按照投资过程中实际被占用的资金额（在会计准则中被定义为"摊余成本"）确认"债权投资"——既是会计核算账户，又是财务报表项目。每个会计期间，企业使用实际被占用的资金额乘该笔投资的实际收益率确认投资收益——如果投资过程中出现折溢价，则需要同时摊销折溢价。债权投资到期后，企业收回本金，债权投资账户的资产价值归零，相关投资活动结束。

企业购入的股权投资及可能在到期日前出售的债权资产需要以公允价值计量——这些资产的公允价值变化会影响实际的投资收益结果。企业对股权类金融资产公允价值的变化有两种不同的处理方式：一种是记入公允价值变动损益账户，影响当期净利润；另一种是直接计入所有者权益中的其他综合收益，不影响当期损益。

对于企业购入的股权资产，管理人员需要在投资发生后明确指定该金融资产的类别——属于以公允价值计量且其变动计入当期损益的金融资产还是以公允价值计量且其变动计入其他综合收益的金融资产。前一类金融资产日常核算的会计账户是"交易性金融资产"（也是财务报表项目）——主要反映企业以赚取差价为目的从市场购入的随时准备交易的股票及基金等；后一类金融资产日常核算的会计账户是"其他权益工具投资"（也是财务报表项目）。

对于企业购入的可能在到期日前出售的债权资产，企业会计准则规定只能作为以公允价值计量且其变动计入其他综合收益的金融资产，日常核算的会计账户是"其他债权投资"（也是财务报表项目）。

企业为出租或增值目的而持有的土地和房屋属于投资性房地产。企业会计准则规定，投资性房地产有两种后续计量模式：一是像固定资产那样按照初始成本计量，以后每年计提折旧，出现减值时计提减值准备；二是在有确凿证据表明企业能够持续可靠地取得投资性房地产公允价值的情况下，采用公允价值模式计量。

企业购入金融资产属于金融投资行为。非投资类企业通过适度买卖股票、基金等金融资产可以提高闲置资金的使用效率，但如果不能很好地控制投资规模与风险，甚至因此占用主营业务资金而影响企业的正常生产经营活动，则有可能导致灾难性后果。

第 27 问　什么是长期股权投资

【案例】

2019 年 4 月，北京国川富美科技集团有限公司与国川养宁（天津）科技有限公司两方共同出资设立国川阳真（上海）企业管理有限公司，其中北京国川富美科技集团有限公司持股比例为 99%，表决权为 99%。2020 年 1 月，北京国川富美科技集团有限公司入资国川阳真（上海）企业管理有限公司 25 万元，针对该笔交易，北京国川富美科技集团有限公司 2020 年 1 月应作会计分录如下：

借：长期股权投资——国川阳真（上海）企业

　　　　管理有限公司　　　　　　　　　　250 000

　　贷：银行存款　　　　　　　　　　　　　　　250 000

【解析】

长期股权投资，是指投资企业对被投资单位实施控制、重大影响的权益性投资，以及对其合营企业的权益性投资。除此之外，其他权益性投资不作为长期股权投资进行核算，而应按照《企业会计准则第 22 号——金融工具确认和计量》的规定进行会计核算。

企业能够对被投资单位实施控制的，被投资单位为本企业的子公司。控制，是指投资方拥有对被投资方的权利，通过参与被投资方的相关活动而享受可变回报，并且有能力运用对被投资方的权利影响其回报金额。

企业与其他方对被投资单位实施共同控制的，被投资单位为本企业的合营企业。共同控制，是指按照相关约定对某项安排所共有的控制，并且该安排的相关活动必须经过分享控制权的参与方一致同意后才能决策。

企业能够对被投资单位施加重大影响的，被投资单位为本企业的联营企业。重大影响，是指投资企业对被投资单位的财务和经营政策有参与决策的能力，但并不能够控制或者与其他方一同控制这些政策的制定。

第 28 问　长期股权投资的后续计量方法有哪些

【案例】

截至 2018 年年末，新希望持有 1 828 327 362 股民生银行股票，持股比例为 4.175 9%，同时向民生银行选派了一名董事和一名监事——新希望董事刘永好任民生银行副董事长、新希望董事王航任民生银行监事，对民生银行具有影响力，因此新希望使用权益法对民生银行股权投资进行后续核算。2018 年民生银行实现归属于母公司股东的净利润 503.3 亿元，新希望按照 4.175 9% 的持股比例，确认了 21 亿元投资收益，占公司净利润的 77.21%。

被中国证监会、Wind 资讯划分为农业类企业的新希望在 2018 年实现了 27 亿元净利润，其中接近 80% 来自银行股权投资，相信很多人对此始料未及。

【解析】

根据会计准则的规定，长期股权投资的后续计量有权益法（Equity

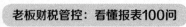
Method）和成本法（Cost Method）两种方法。权益法适用于对合营企业、联营企业的投资；成本法适用于对子公司的投资。

在成本法下，投资企业要按照初始投资或追加投资的成本确认长期股权投资的账面价值；被投资单位宣告分派的现金股利中投资企业享有的部分，确认为当期投资收益，被投资单位取得经营收益或发生亏损一般不影响投资企业长期股权投资的账面价值。日常核算只需关注股利分配情况，收到股利即确认为投资收益。

在权益法下，长期股权投资最初以初始投资或追加投资成本计价，以后根据投资企业享有被投资单位所有者权益份额的变化对长期股权投资的账面价值进行调整。例如，被投资单位取得经营收益时，投资企业要按照股权比例相应增加长期股权投资的账面价值，同时确认投资收益；被投资单位宣告分派现金股利时，所有者权益总额减少，投资企业要按照相应的股权比例确认应收股利，同时减少长期股权投资的账面价值，并不确认投资收益。与其他资产一样，长期股权投资也需要定期进行减值测试，如果出现减值，企业就需要计提长期股权投资的减值准备。

第 29 问　什么是商誉

【案例】

万科公司于 2012 年 7 月 16 日通过全资子公司万科置业（香港）有限公司以 10.95 亿港元收购了香港上市公司南联地产控股有限公司 75% 的股权，并于 2013 年 1 月 11 日将南联地产更名为万科置业（海外）有限公司。在收购过程中，万科公司的合并成本超过按75%的股权比例获得的南联地产可辨认净资产公允价值2.02亿元人民币，这部分价值在编制合并财务报表时被确认为万科公司的商誉，列示在合并资产负债表上（此前万科公司合并资产负债表上的商誉为零）。由于该合并属于控股合并，万科公司的个别资产负债表中并不确认商誉。

【解析】

资产负债表中有一类较为特殊的资产——商誉。商誉是企业整体协同效应产生的、未来能够给企业带来超额收益的、不可辨认的无形经济资源，其产生可能源于优越的地理位置、精湛的工艺技术、著名的品牌形象及良好的信用声誉等多方面因素。

与无形资产相比，商誉是由企业整体产生的，无法脱离企业而单独存在，因此具有不可辨认性。按照会计准则的规定，企业只有发生兼并收购才有机会确认账面商誉，自创的商誉不能被确认为账面资产。如果两家企业在合并之前不受共同的股东控制，则收购方的合并成本大于合并中取得的被收购方可辨认净资产公允价值份额的差额部分被确认为商誉。

第 30 问　什么是商誉减值

【案例】

近年来，某些国内上市公司频繁发生大规模兼并重组。据 Wind 资讯统计，2018 年年末，国内 A 股上市公司商誉资产合计 1.3 万亿元，巨额的商誉资产虽然不需要定期摊销，但一旦发生大规模减值，对上市公司自身

账面利润及 A 股市场整体都将是巨大灾难，市场参与者和市场监管者（中国证监会及财政部）面临严峻挑战。

从国内 A 股上市公司 2018 年计提商誉减值情况来看，885 家上市公司共计提了 1 668 亿元减值，其中前十家上市公司计提额度均超过 20 亿元。2018 年计提商誉减值规模前十家上市公司当年均出现严重亏损，商誉减值规模占年初股东权益的平均比重超过 40%。到底是这些上市公司经营出现问题、发生严重亏损导致商誉资产确实出现减值，还是公司当年扭亏无望、索性"洗个大澡"——大规模计提商誉资产减值，值得监管机构与学术界深入研究。

【解析】

虽然从理论上讲，商誉可以为企业带来超额收益，属于企业的资产，但与其他资产相比，商誉未来所能带来的经济利益存在更大的不确定性。从确认与计量角度来看，现行会计准则下财务报表中确认的商誉的账面价值并不能够真正代表企业未来可以获得的超额收益，只是反映企业合并中支付的成本与所收购净资产公允价值之间的差额。采用差额法确认的账面商誉，既受到合并双方讨价还价能力的影响，又受到被合并方净资产公允价值评估结果的影响，不确定因素较多。

巨大的账面商誉可能是收购优秀企业而必须付出的代价，也可能是企业愚蠢投资的负面结果——花了大价钱收购了很差的企业，这两种情况虽然在短期内很难从财务报表角度分析清楚，但经过一段时间的检验，差别通常还是明显的，大量案例研究结果表明，后一种情况居多。

虽然商誉在很多方面与无形资产相似，但全球各国（日本除外）会计准则目前并不允许对商誉资产进行摊销。同其他资产一样，商誉要定期进行减值测试，一旦发现减值，就要确认为当期资产减值损失。一些企业在某些扭亏无望的年份利用对商誉大规模计提减值确认资产减值损失，加大亏损额度，严重影响了企业盈利的稳定性与连续性。因此，账面上的商誉不能算作企业的优质资产，财务报表使用者对资产负债表中的商誉项目要保持高度警惕。

第 31 问　所有者投入的资本包括哪些

【案例】

中国石油天然气股份有限公司（以下简称"中石油"）在国内一级股票发行市场上以每股 16.7 元的价格向投资者发行了 40 亿股普通股，每股面值 1 元，共募集资金 668 亿元，剔除发行过程中的手续费后，公司实际取得资金净额 662 亿元，中石油的股本相应增加 40 亿元，资本公积增加 622 亿元。

后来，中石油股票在上海证券交易所上市，当天的开盘价高达 48.6 元 / 股。尽管股票的开盘价接近发行价的 3 倍，但一、二级市场之间的巨大价差收益并不归中石油所有，而是归属于那些在一级市场上成功认购了中石油股票并及时出售的投资者。巨大的价差一方面反映了国内资本市场股票发行与定价过程中存在的一些深层次制度问题；另一方面与少部分机构投资者操纵股票市场牟取巨额暴利有关，很多不明真相的散户股民用自己的血汗钱高价买入了中石油股票，在此后股价的持续下跌中损失惨重。

【解析】

所有者投入的资本一般被划分为股本（或实收资本）与资本公积两部

分。其中，体现股权比例的部分被确认为公司的股本（或实收资本），余下的部分被看作资本溢价，确认为资本公积。

股份有限公司将全部资本划分为等额股份，以发行股票的形式筹集资本。

股份有限公司用股票面值乘发行在外的普通股股数作为公司的股本，股本是体现股份有限公司产权状况最重要的一个会计指标。在国内现行法律框架下，股份有限公司分配股利、破产清算时都要依据股本项下的股东持股比例进行。股份有限责任公司使用实收资本账户替代股本账户，核算相关经济业务。不同股东持有的实收资本在总实收资本中所占的比例体现了股权结构。一般情况下，股份有限责任公司的股权比例等同于表决权比例，但公司章程也可以另作规定。

股份有限公司通常会按照超过面值的价格溢价发行股票，发行收入中超出股本的那部分价值作为资本溢价，被计入资本公积账户。股票一旦被发售出去，无论其市场交易价格如何变化，发行公司账面上的股本与资本公积都不再受到影响。股份有限责任公司股东实际投入的资产价值超过实收资本账户对应金额的部分，也属于资本溢价，计入资本公积账户。

按照财政部发布的相关规定，企业接受控股股东或控股股东的子公司直接或间接的捐赠、债务减免，从经济实质上判断属于控股股东对企业的资本性投入的，应作为权益性交易，相关利得计入所有者权益中的资本公积。

资本公积可以用于转增股本或实收资本。公司使用资本公积转增股本或实收资本时，资本公积相应减少，股本或实收资本等额增加，所有者权益的总额并不发生变化，只是内部结构有所改变。例如，同仁堂公司以2010年年末总股本5.2亿股为基数，实施资本公积转增股本，每10股转增 10 股，转增后资本公积减少 5.2 亿元，股本增加 5.2 亿元，所有者权益总额并不因此发生改变。

第 32 问　什么是资产负债表日后非调整事项

【案例】

企业计划在次年 1 月发行新的股票或债券，虽然这一举措对本年度企业会计报表没有任何影响，但是对现有债权人来说，可能需要权衡发新债券后，企业的负债比例是否过高，自己的债权是否安全等。

企业计划对另一企业进行巨额投资，这虽然是报表日后才发生的事情，但是对企业股东来说，新的投资项目风险有多高，利润水平如何，是否会对企业现金流造成短缺，是否会影响股东本期现金股利的及时发放等，都在其考虑范围内。

所以，报表使用者只有充分关注资产负债表日后非调整事项，做到未雨绸缪，才不至于在企业规划内事件实际发生时茫然失措、手忙脚乱。现在很多股市评论员会说：年后某某企业可能被收购，某某企业计划有新投资项目，某某企业因为环保产品政府计划奖励多少资金等，用这样的方式吸引社会资金流入，打的就是"资产负债表日后非调整事项"的牌。

【解析】

非调整事项的发生不影响资产负债表日企业的财务报表数字，只说明资产负债表日后发生了某些情况。对于财务报告使用者来说，非调整事项说明的情况有的重要，有的不重要；其中，重要的非调整事项虽然与资产

负债表日的财务报表数字无关，但可能影响资产负债表日以后的财务状况和经营成果，故准则要求适当披露，与资产负债表日后调整事项相对应。

企业发生的资产负债表日后非调整事项，通常包括下列各项：

（1）资产负债表日后发生重大诉讼、仲裁、承诺；

（2）资产负债表日后资产价格、税收政策、外汇汇率发生重大变化；

（3）资产负债表日后因自然灾害导致资产发生重大损失；

（4）资产负债表日后发行股票和债券以及其他巨额举债；

（5）资产负债表日后资本公积转增资本；

（6）资产负债表日后发生巨额亏损；

（7）资产负债表日后发生企业合并或处置子公司；

（8）资产负债表日后董事会宣告分配现金股利。

资产负债表日后发生的非调整事项，是表明资产负债表日后发生的情况的事项，与资产负债表日存在状况无关，不应当调整资产负债表日的财务报表。但有的非调整事项对财务报告使用者具有重大影响，如不加以说明，将不利于财务报告使用者作出正确估计和决策，因此，资产负债表日后事项准则要求在报表附注中披露"重要的资产负债表日后非调整事项的性质、内容，及其对财务状况和经营成果的影响。"

资产负债表日后发生的非调整事项，应当在报表附注中披露每项重要的资产负债表日后非调整事项的性质、内容，及其对财务状况和经营成果的影响。无法作出估计的，应当说明原因。

资产负债表日后，企业利润分配方案中拟分配的以及经审议批准宣告发放的股利或利润，不确认为资产负债表日负债，但应当在附注中单独披露。

第三章

看懂现金流量表
——监测企业的"血液循环"

现金对于一个健康的财务机体来说，就像血液对于人体一样。血液只有流动起来人体才能健康，同样现金只有具有流动性，企业才有生命力。作为一个老板只有读懂现金流量表，才能了解企业的支付能力、偿还能力和周转能力，预测企业未来的现金流量。

第 33 问　现金流量表的内容有哪些

【案例】

甲公司本月收到销售产品收入共 100 000 元，收回上月的应收账款共 50 000 元，下月开展的销售项目本月预收对方公司 20 000 元。

现金流量表中，经营活动产生的现金流量中的"销售商品、提供劳务收到的现金"项目应填写的金额依据公式计算可得：销售商品、提供劳务收到的现金 170 000（100 000+50 000+20 000）元。

【解析】

要了解现金流量表所反映的内容，首先要清楚"现金""现金等价物""现金流量"的概念。"现金"是指企业库存现金以及可以随时用于支付的存款。不能随时用于支付的存款不属于现金。"现金等价物"是指企业持有的期限短（指从购买日起 3 个月内到期）、流动性强、易于转换为已知金额现金、价值变动风险很小的投资。现金等价物通常包括 3 个月内到期的债券投资等。权益性投资变现的金额通常不确定，因而不属于现金等价物。企业应当根据具体情况，确定现金等价物的范围，一经确定不得随意变更。"现金流量"是指现金和现金等价物的流入和流出。

现金流量表列报现金流量分为三个部分，即经营活动、投资活动、筹资活动。

每部分下又分为若干具体的项目。

1.经营活动产生的现金流量

经营活动，是指企业投资活动和筹资活动以外的所有交易和事项。经营活动产生的现金流量主要包括销售商品、提供劳务、购买商品、接受劳务、支付工资和缴纳税款等流入和流出的现金和现金等价物。

2.投资活动产生的现金流量

投资活动，是指企业长期资产的购建和不包括在现金等价物范围内的投资及其处置活动。投资活动产生的现金流量主要包括购建固定资产、处置子公司及其他营业单位等流入和流出的现金和现金等价物。

3.筹资活动产生的现金流量

筹资活动，是指导致企业资本及债务规模和构成发生变化的活动。筹资活动产生的现金流量主要包括吸收投资、发行股票、分配利润、发行债券、偿还债务等流入和流出的现金和现金等价物。偿付应付账款、应付票据等商业应付款等属于经营活动，不属于筹资活动。

第 34 问　经营活动产生的现金流量包括哪些

【案例】

甲公司本月为购买原材料支付商品价款 100 000 元，支付上月应付商品款 10 000 元，本月预付材料款 20 000 元。

依据题例信息可得，甲公司的付款项目在现金流量表中的体现为"购买商品、接受劳务支付的现金"，其金额为：

100 000+10 000+20 000=130 000（元）

【解析】

经营活动产生的现金流量包括七种。

1. 销售商品、提供劳务收到的现金

本项目反映企业销售商品、提供劳务实际收到的现金，包括销售收入和应向购买者收取的增值税销项税额，具体包括：本期销售商品、提供劳务收到的现金，以及前期销售商品、提供劳务本期收到的现金和本期预收的款项，减去本期退回的商品和前期销售本期退回的商品支付的现金。企业销售材料和代购代销业务收到的现金，也在本项目反映。本项目可以根据"库存现金""银行存款""应收票据""应收账款""预收账款""主营业务收入""其他业务收入"科目的记录分析填列。

2. 收到的税费返还

本项目反映企业收到返还的各种税费，如收到的增值税、所得税、消费税、关税和教育费附加返还款等。本项目可以根据有关科目的记录分析填列。

3. 收到其他与经营活动有关的现金

本项目反映企业除了上述各项目外，收到的其他与经营活动有关的现金，如罚款收入、经营租赁固定资产收到的现金、投资性房地产收到的租金收入、流动资产损失中由个人赔偿的现金收入、除税费返回外的其他政府补助收入等。

本项目可以根据"库存现金""银行存款""管理费用""销售费用"等科目的记录分析填列。

4. 购买商品、接受劳务支付的现金

本项目反映企业购买材料、商品和接受劳务支付的现金，包括当期购买商品支付的现金、当期支付的前期购买商品的应付款以及为购买商品而预付的现金，减去本期发生的购货退回收到的现金。本项目可以根据"库存现金""银行存款""应付票据""应付账款""预付账款""主营业务成本""其他业务成本"等科目的记录分析填列。

5. 支付给职工以及为职工支付的现金

本项目反映企业以现金方式支付给职工的工资和为职工支付的其他现金。支付给职工的工资包括工资、奖金以及各种补贴等；为职工支付的其他现金，如企业为职工缴纳的养老、失业等社会保险基金和企业为职工缴纳的商业保险金等。本项目可以根据"库存现金""银行存款""应付职工薪酬"等科目的记录分析填列。

6. 支付的各项税费

本项目反映企业按规定支付的各项税费，包括本期发生并支付的税费，以及本期支付以前各期发生的税费和预交的税金，如支付增值税、消费税、所得税、教育费附加、印花税、房产税、土地增值税、车船使用税等。本项目可以根据"应交税费""库存现金""银行存款"等科目分析填列。

7. 支付其他与经营活动有关的现金

除上述主要项目外，企业还有一些项目，如罚款支出、支付的差旅费、业务招待费、保险费、经营租赁支付的现金等支出，可在"支付其他与经营活动有关的现金"项目中反映。

第35问　企业现金流分类有什么意义

【案例】

某上市公司投资的 A 公司本年度实现净利润 100 万元。该上市公司拥有其 28% 的股权，按权益法应确认本年度的投资收益 28 万元。但 A 公司实现的利润不一定立即分配，而且不可能全部分完，还需要按规定提取盈余公积等。如果该公司当年利润暂不分配，就没有相应的现金流入该上市公司。该上市公司也就不能在当年的现金流量表中将此项投资收益作为投资活动的现金流入反映。

企业投资活动发生的各项现金流出，往往反映了其为拓展经营所做的努力，报表使用人可以从中大致了解企业的投资方向，一家企业从经营活动、筹资活动中获得现金是为企业今后的发展创造条件。现金不流出，是不能为公司带来经济效益的。

【解析】

我们已经了解了企业经营活动、投资活动和筹资活动产生的现金流量包含的内容，那么为什么要做这样的划分，而且每一种活动产生的现金流量还特别揭示其流入、流出总额呢？

通过划分不同现金流的性质，能使企业的财务信息更具明晰性和有用性。

1. 经营活动产生的现金流量

该项目包括购销商品、提供劳务、接受劳务、经营性租赁、缴纳税款、支付劳动报酬、支付经营费用等活动形成的现金流入和流出。在权责发生制下，这些流入或流出的现金，对应收入和费用的归属期不一定是本会计年度，但是现金流量一定是在本会计年度收到或付出的，如收回以前年度销货款、预收以后年度销货款等。公司的盈利能力是其营销能力、收现能力、成本控制能力、回避风险能力等相结合的综合体。由于商业信用的大量存在，营业收入与现金流入可能存在较大差异，能否真正实现收益，还取决于公司的收现能力。

2. 筹资活动产生的现金流量

该项目包括吸收投资、发行股票、分配利润、发行债券、贷款、偿还债务收到和付出的现金。其中，"偿还利息所支付的现金"项目反映企业用现金支付的全部借款利息、债券利息，而不管借款的用途如何、利息的开支渠道如何，不仅包括计入损益的利息支出，还包括计入在建工程的利息支出等。

3. 投资活动产生的现金流量

该项目主要包括购建和处置固定资产、无形资产等长期资产，以及取得和收回不包括在现金等价物范围内的各种股权与债权投资等收到和付出的现金。其中，分得股利或利润、取得债券利息收入而流入的现金，是以实际收到为准，而不是以权益归属或取得收款权为准的。这与利润表中确认投资收益的标准不同。

第 36 问　如何确定经营活动现金流量真实性

【案例】

甲公司本月支付员工差旅费 1 000 元，业务招待费用 500 元，保险费 500 元，营业外罚款支出 200 元。

依据题例信息可得，甲公司的付款项目在现金流量表中体现为"支付的其他与经营活动有关的现金"，其金额为

1 000+500+500+200=2 200（元）

【解析】

对企业现金流量表经营活动现金流量的真实性分析基本分两个步骤。

（1）对比企业半年度现金流量表和年度现金流量表的经营活动现金流量，考察经营活动现金流量的均衡性，初步确认企业经营活动现金流量的真实性。

在正常经营情况下，企业的购销活动和信用政策在一年内会比较稳定，销售业务一般也不会出现大起大落的情形，因此其经营活动现金流量在年度内应保持一定的均衡性。当然，我们同时需要考虑国际国内经济大形势对企业的影响，以及企业所处的行业——如海洋捕捞业等，可能季节性生产的特点较明显一些。企业在生产规模和市场变化不大的情况下，经营活动现金流在一个较平缓的水平内稍有波动，如果忽高忽低，就有企业经营活动现金流量被粉饰的可能。

（2）重点分析现金流量表有关明细项目，进一步明确经营活动现金流量的真实性。

现金流量表对经营活动现金流量进行了很好的细化，通过分析各个项目的现金流量变化，可以帮助我们识别企业经营活动现金流量是否真实。

如通过分析"销售商品、提供劳务收到的现金"项目，判断企业有没有虚构预收账款粉饰主营业务现金流量的可能。如果企业在某期末存在大额预收账款，又缺少相关的销售或建造合同，则有可能是其没有及时将收入记入相应科目，其主营业务现金流入项目缺乏真实性。

通过分析"收到的其他与经营活动有关的现金"项目，判断企业是否借助关联交易等把经营活动现金流量"做"漂亮。可能存在这样的企业，由于大额应收账款不能收回，其经营活动现金流量出现严重困难，为了维持生产，或者确保年度末报表能被大众投资者接受，就请求大股东或者关联企业在年度末临时补充现金，这些"临时输血"在现金流量表中被归入了"收到的其他与经营活动有关的现金"项目，该项目金额由此在期末迅速上升，连带着当期经营活动现金流量增加，这样就掩盖了企业经营中的真实现金流量情况。

第 37 问　怎样确定经营活动现金流量是否充足

【案例】

甲公司本月支付公司增值税 2 000 元，城市维护建设税 140 元，教育费附加 60 元，地方教育附加 40 元，企业所得税 1 000 元。

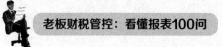

依据题例信息可得，甲公司的付款项目在现金流量表中体现为"支付的各项税费"，其金额为 3 240（2 000+140+60+40+1000）元。

【解析】

对企业现金流量表经营活动现金流量充足性的分析，基本上从"绝对充足"和"相对充足"两个方面来进行。

1. "绝对充足"的分析

经营活动现金流量的充足性，是指企业是否具有足够的经营活动现金净流量，以满足其正常运转和规模扩张的需要。从绝对量方面分析其充足性，主要是分析经营活动现金流量能否延续企业现有的正常经营。

可以通俗地理解为，如果一个企业经营活动现金流量充足，那么，它应该能靠其内部积累维持目前的生产经营，其经营活动现金流入量必须能够抵补下列当期费用。

（1）企业正常经营所需。日常开支，如购买原材料不得不支付的现金、企业员工工资、本期应缴纳的政府税收等，这些都表现为经营活动现金流出。

（2）前期已经支付，但需在当期和以后各期的收入中收回的费用，主要包括资产折旧与摊销额。比如，我们前期购买了 100 元的固定资产，本期产品分摊了 100 元的折旧，那么本期的经营活动现金收入中就有这部分收入，经营活动现金流入应该是多了，在经营活动现金流量充足的情况下，如果本期再买 100 元的固定资产，企业应该是有支付能力的。当然，不一定本期支付，可能会多期累积，待固定资产更新时一次支出。

（3）已计入当期损益但尚未支付的费用。主要是预提费用，用电大户的电费是按季度结算的，企业为了平衡各期费用，一般会预提电费计入相应费用科目，从本期来看，企业没有现金流出，其实是应该流出的，只是延后了一个月或者两个月而已。

只有在"经营活动现金流量净额大于本期折旧额加无形资产、长期待摊费用摊销额加待摊费用摊销额加预提费用提取额"的条件下，企业的经营活动现金流量才算充足，也只有这样，企业现有规模下的简单再生产才能得以持续。

2."相对充足"的分析

从相对量角度考察企业经营活动现金流量的充足性，主要是了解经营活动现金流量能否满足企业扩大再生产的资金需要，具体通过分析经营活动现金流量对企业投资活动的支持力度和筹资活动的风险规避水平来确认。主要评价指标有以下两个。

（1）现金流量资本支出比率。

现金流量资本支出比率＝经营活动产生的现金净流量÷资本性支出额。其中，资本性支出额是指企业购建固定资产、无形资产或其他长期资产所发生的现金支出。该指标用来评价企业运用经营活动现金流量维持或扩大经营规模的能力。该指标越大，说明企业内涵式扩大再生产的水平越高，利用自身盈余创造未来现金流量的能力越强，经营活动现金流量的品质也越好。

当该比率小于1，也就是企业要买新设备增加生产能力，但其不能全部支付，还需要从银行贷点款时，如果需要借助部分外部资金才能实现，就表明企业资本性投资所需的现金无法完全由其经营活动提供，部分或大部分的资金要靠外部筹资补充，公司财务风险较大，经营及获利的持续性与稳定性较低，经营活动现金流量的质量较差。

当该比率大于1，也就是需要增加新设备时，老板拍着胸脯说："别说50万元的设备，100万元的设备我也可以马上付款，我们还打算年底给股东分红呢！"这样则说明企业经营活动现金流量的充足性较好，对自身筹资活动的风险保障水平较高，不仅能满足企业的资本支出需要，而且还可用于偿还债务、分配利润和发放股利等。

（2）到期债务偿付比率。

到期债务偿付比率＝经营活动产生的现金净流量÷到期债务本金加本期债务利息，该指标反映了企业运用经营活动现金流量偿付到期债务本息的实际水平。

如果该比率小于1，说明企业到期债务的自我清偿能力较差，其经营活动现金流量的充足程度不高，要想及时、足额偿付到期债务，企业必须依靠其他方面资金的及时注入，如对外融资、当期变现投资收益以及出售公司资产的现金所得等。

如果该比率大于1，则说明企业具有较好的"造血"功能，经营活动现金流量比较多，足以偿还到期债务，企业不存在支付困难的风险，其经营主动性也较强。

3.经营活动现金流量充足性分析的注意事项

经营活动现金流量，体现的仅仅是企业在某一时点的支付能力，也就是一个蓄水池某一时点的水量而已，它并不能完全说明蓄水池进水口的进水能力，也不能说明水温等。所以仅以经营活动现金流量大小作为衡量公司经营好坏或财务优劣的标准是不对的。因为经常有这样的情况：一个企业经营活动现金流量充足，但其盈利能力却日益下降；而另外的企业，经营活动现金流量不足，但盈利能力却日趋上升。这就表明，如果一个企业有充足的资金，但找不到合适的投资方向和投资项目的话，其未来盈利能力将会受到影响；相反，一个企业虽然现金短缺，但如果实施了有效的负债经营，其盈利能力反而能得到显著提高。

第 38 问　怎样分析经营活动现金流量的稳定性

【案例】

乙公司本月收到上年所得税清缴完成后预缴的所得税多余税款 10 000 元，本月没有发生其他的税费业务，因而其他的税费没有发生增减。

依据本例中收到的税费返还的相关信息可得，本月乙公司现金流量表中的"收到的税费返还"项目应填写 10 000 元。

【解析】

用来分析企业经营活动现金流量稳定性的指标主要有如下两个。

（1）经营活动现金流入量结构比率。

经营活动现金流入量结构比率 = 销售商品、提供劳务收到的现金 + 经营活动产生的现金流入量。该指标衡量的是全部经营活动现金流入量中，主营业务活动所占的比重。同时，该指标也揭示了企业经营活动现金流量的主要来源和实际构成。该比率高，说明企业主营业务活动流入的现金明显高于其他经营活动流入的现金，企业经营活动现金流入量结构比较合理，经营活动现金流量的稳定程度较高，质量也较好。反之，则说明企业主营业务活动的创现能力不强，维持企业运行和支撑企业发展的大部分资金由非核心业务活动提供，企业缺少稳定可靠的核心现金流量来源，其现金流来源较为薄弱，经营活动现金流量的稳定性与品质较差。

（2）经营活动现金流出量结构比率。

经营活动现金流出量结构比率 = 购买商品、接受劳务支付的现金 ÷ 经营活动产生的现金流出量。使用该指标的依据是，有所失必有所得。现在如何使用现金将决定着企业未来现金的来源状况。企业经营活动现金流出量中，用于购买商品、接受劳务支付现金的多少，将直接决定未来销售商品、提供劳务收到现金的多少。通过分析该比率，能确认企业当期经营活动现金流出量结构是否合理，企业当期有无大额异常的现金流出等，从而对关联方占用企业资金的情况进行有效识别，对企业以后各期现金流入的主营业务活动作出合理的估计。这样能从"源头"对企业未来经营活动现金流量的稳定性作出有效的评估。

第 39 问　如何分析经营活动现金流量成长趋势

【案例】

甲公司本月收到外界的现金捐赠收入 20 000 元，收到本月银行存款利息收入 5 000 元，其他应收款收回 10 000 元。

依据题例信息可得，甲公司的收款项目在现金流量表中体现为"收到其他与经营活动有关的现金"，其金额为 1 5000（5 000+10 000）元。

【解析】

用来衡量企业经营活动现金流量成长性的指标是经营活动现金流量成长比率。

经营活动现金流量成长比率 = 本期经营活动产生的现金净流量除以基

期经营活动产生的现金净流量。该指标用来反映企业经营活动现金净流量的具体增减变动情况和变化趋势。一般来说，该比率越大，表明企业经营活动现金流量的成长性越好，质量越高。具体分三种情况。

1. 比率等于或接近于1

经营活动现金流量成长比率为1，说明企业内部资金较前期没有明显增长，经营活动现金流量的成长能力不强。这时，一方面，要通过对相关指标，如经营活动现金净流量与销售收入的比率，经营活动现金净流量与平均总资产的比率，经营活动现金净流量与净利润的比率等的分析，及时掌握公司经营活动现金流量营运效率的变动趋势，考察经营活动现金流量未能实现增长的具体原因，从而确定企业今后改善经营活动现金流量动态采取的管理措施；另一方面，需结合与投资活动相关的现金流量信息，关注企业经营规模的变化趋势，对企业未来经营活动现金流量状况做出合理的预测。此外，还需进一步联系企业的战略规划与现金预算，估计企业经营活动现金流量的未来成长与其整体发展是否同步、协调。

2. 比率大于1

经营活动现金流量成长比率大于1，表明企业经营活动现金流量呈上升趋势，这显然有利于企业的进一步成长和扩大经营规模，也预示着企业发展前景良好。但不同的现金流量增长方式对企业具有不同的意义，相应地，经营活动现金流量的质量也存在较大的差异。常见的经营活动现金流量增长有以下三种情况。

（1）负债主导型，即经营活动现金流量的增长主要得益于当期经营性应付项目的增加。虽然企业通过延缓应付款项的支付，提高了经营活动现金净流量，但损害了企业信誉，也加大了以后的偿债压力。事实上，若剔除这些必须支付的款项，企业实际经营活动现金净流量很可能出现负值，这对企业发展的意义不大。在这种现金流量的增长方式下，经营活动现金流量的质量显然较差，其成长也是一种假象。

（2）资产转换型，即经营活动现金流量的增长主要依赖于当期经营性应收项目和存货的减少。降低本期应收款项，或者压缩本期期末存货规模，都会减少企业资金占用，从而提高企业经营效率和盈利质量。但是，当期存货支出的减少是以前年度相应支出较多的结果，收回的期初应收款项也并不是本期实现的销售收入，经营性应收项目和存货的变动导致的经营活动现金流量增长大多并不能反映本期经营业绩的变化。况且，经营性应收项目的减少也很可能是因大股东年末突击还款等大额异常现金流入造成的，往往不具有持续性。因此，该方式下的经营活动现金流量质量仍然不高，其成长意义也并不大。

（3）业绩推动型，即经营活动现金流量的增长主要源于企业盈利能力的增强，主要表现为本期主营业务收入大幅增加；其次是本期盈利质量的提高，主要表现为本期现销收入比例显著上升。显然，这样的经营活动现金流量增长方式是企业业绩大幅提高和推动的结果，所以其经营活动现金流量质量较为理想，是企业经营活动现金流量的真正成长。

3. 比率小于1

经营活动现金流量成长比率小于1，说明企业经营活动现金流量在逐步萎缩。经营活动的现金流入量是企业赖以生存和发展的基础，若经营活动的现金净流量持续减少，势必导致信用危机和破坏企业的持续经营，长此以往，企业的发展前景令人担忧。在这种情况下，还可以进一步深入分析出现这种状况是由于经营亏损，还是由于企业经营性应收项目的增长。

总之，在分析经营活动现金流量成长比率时，应进行多期比较，各期成长率不仅要大于1，而且还要具有较强的稳定性，如果上下波动较大，则企业未来发展也会受到一定程度的影响。此外，若本期或基期经营活动现金净流量为负数，则不必计算该比率。

第 40 问 投资活动产生的现金流量有什么

【案例】

甲公司为了分散公司的部分闲置资金，经过分析后对乙公司进行了投资。长期股权投资 200 000 元，本期收回金额 100 000 元。长期债券本期收回金额 104 000 元，其中 4 000 元为债券利息。

依据题例信息可得，甲公司的收款业务在现金流量表中体现为"收回投资收到的现金"，金额为 200 000（100 000+104 000–4000）元。

【解析】

投资活动产生的现金流量包括以下九种。

1. 收回投资收到的现金

本项目反映企业出售、转让或到期收回除现金等价物以外的交易性金融资产、持有至到期投资、可供出售金融资产、长期股权投资等而收到的现金。本项目可以根据"交易性金融资产""持有至到期投资""可供出售金融资产""长期股权投资""库存现金""银行存款"等科目的记录分析填列。

2. 取得投资收益收到的现金

本项目反映企业因股权性投资而分得的现金股利，因债权性投资而取得的利息收入。包括在现金等价物范围的债券性投资，其利息收入在本项

目反映。

本项目可以根据"应收股利""应收利息""投资收益""库存现金""银行存款"等科目的记录分析填列。

3. 处置固定资产、无形资产和其他长期资产收回的现金净额

本项目反映企业出售固定资产、无形资产和其他长期资产（如投资性房地产）所取得的现金，减去为处置这些资产而支付的有关税费后的净额。本项目可以根据"固定资产清理""库存现金""银行存款"等科目的记录分析填列。

4. 处置子公司及其他营业单位收到的现金净额

本项目反映企业处置子公司及其他营业单位所取得的现金减去子公司或其他营业单位持有的现金和现金等价物以及相关处置费用后的净额。本项目可以根据有关科目的记录分析填列。

5. 收到其他与投资活动有关的现金

本项目反映企业除上述各项外，收到的其他与投资活动有关的现金。本项目可以根据有关科目的记录分析填列。

6. 购建固定资产、无形资产和其他长期资产支付的现金

本项目反映企业购买、建造固定资产、取得无形资产和其他长期资产（如投资性房地产）支付的现金，包括购买机器设备所支付的现金、建造工程支付的现金、支付在建工程人员的工资等现金支出，不包括为购建固定资产、无形资产和其他长期资产而发生的借款利息资本化部分，以及融资租入固定资产所支付的租赁费。本项目可以根据"固定资产""在建工程""工程物资""无形资产""库存现金""银行存款"等科目的记录分析填列。

7. 投资支付的现金

本项目反映企业进行权益性投资和债权性投资所支付的现金，包括企

业取得除现金等价物以外的交易性金融资产、持有至到期投资、可供出售金融资产可支付的现金，以及支付的佣金、手续费等交易费用。本项目可以根据"交易性金融资产""可供出售金融资产""长期股权投资""库存现金""银行存款"等科目的记录分析填列。

8. 取得子公司及其他营业单位支付的现金净额

本项目反映企业取得子公司及其他营业单位购买出价中以现金支付的部分，减去子公司或其他营业单位持有的现金和现金等价物后的净额。本项目可以根据有关科目的记录分析填列。

9. 支付其他与投资活动有关的现金

本项目反映企业除上述各项目外，支付的其他与投资活动有关的现金，如企业购买股票和债券时，实际支付的价款中包含的已宣告但尚未发放的现金股利或已到付息期但尚未领取的债券利息。上述股利和利息尽管是投资时的现金流出，但上述现金流出不会为企业带来任何属于投资收益的现金流入。本项目可以根据有关科目的记录分析填列。

第 41 问　筹资活动产生的现金流量有哪些

【案例】

甲公司本月发行面值为 1 000 000 元的企业债券，同时支付发行费用及佣金 100 000 元。

依据题例信息可得，甲公司的收款项目在现金流量表中体现为"吸收投资收到的现金"，金额为 900 000（1 000 000–100 000）元。

【解析】

筹资活动产生的现金流量包括以下六种。

1. 吸收投资收到的现金

本项目反映企业以发行股票等方式筹集资金实际收到的款项净额（发行收入减去支付的佣金等发行费用后的净额）。本项目可以根据"实收资本（或股本）""资本公积""库存现金""银行存款"等科目的记录分析填列。

2. 取得借款收到的现金

本项目反映企业举借各种短期、长期借款收到的现金以及发行债券实际收到的款项净额（发行收入减去直接支付的佣金等发行费用后的净额）。本项目可以根据"短期借款""长期借款""交易性金融负债""应付债券""库存现金""银行存款"等科目的记录分析填列。

3. 收到其他与筹资活动有关的现金

本项目反映企业除上述各项目外，收到的其他与筹资活动有关的现金。本项目可以根据有关科目的记录分析填列。

4. 偿还债务支付的现金

本项目反映企业以现金偿还债务的本金，包括归还金融企业的借款本金、偿还企业到期的债券本金等。本项目可以根据"短期借款""长期借款""交易性金融负债""应付债券""库存现金""银行存款"等科目的记录分析填列。

5. 分配股利、利润或偿付利息支付的现金

本项目反映企业实际支付的现金股利、支付给其他投资单位的利润或用现金支付的借款利息、债券利息。本项目可以根据"应付股利""应付利息""利润分配""财务费用""在建工程""制造费用""研发支出""库

存现金""银行存款"等科目的记录分析填列。

6. 支付其他与筹资活动有关的现金

本项目反映企业除上述各项目外，支付的其他与筹资活动有关的现金，如以发行股票和债券等方式筹集资金而由企业直接支付的审计和咨询等费用、融资租赁各期支付的现金、减少注册资本所支付的现金（收购本公司股票，退还联营单位的联营投资等）、企业以分期付款方式购建固定资产和无形资产等各期支付的现金等。本项目可以根据有关科目的记录分析填列。

第 42 问　什么是现金转换周期

【案例】

某企业投入 100 万元购买原材料，但是原材料款将在 60 天后支付（应付账款周转天数），然后投入生产，直到产成品出库销售，生产周期为 30 天（存货周转天数）。这样赊销后，形成应收账款，货款在 15 天后收到（应收账款周转天数），现金转换周期就是 –15 天。单纯地来理解，就是企业不用垫支一分钱的流动资金，就可以获得利润，而且还可以无息使用上游供应商的 100 万元的资金 15 天。在这 15 天里，还可以将这 100 万元拿去投资短期项目，可谓资金运用的最高境界。

【解析】

对于企业而言，现金转换涉及两个周期：一个是供应商允许企业赊购商品或原材料的平均天数，另一个是企业拿到原材料或商品、加工完毕之

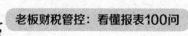

后销售出去并收回款项的平均天数。后者减去前者便是现金转换周期。不难看出，现金转换周期越短，企业加工、销售、收款的时间越短，供应商允许的赊购天数越长，企业需要为经营活动支付的现金越少。当现金转换周期为零时，企业基本上不用为经营活动需要的现金流发愁。当现金转换周期为负数时，企业甚至可以拿着销售货款适当地投资一把，赚一笔钱，然后再向供应商支付欠款。

现金转换周期的公式如下：

现金转换周期 = 应收账款平均周转天数 + 存货平均周转天数 – 应付账款平均周转天数

第 43 问　现金流量表的编制方法有哪些

【案例】

江科股份有限公司的会计核算部门根据 2018 年度资产负债表、利润表和其相关资料编制 2018 年的现金流量表，编制过程如下。

1. 2018 年度江科股份有限公司的资产负债表、利润表和其他相关资料。其他相关资料如下。

2018 年度利润表有关项目的明细资料如下。

（1）营业收入的组成：主营业务收入为 159 922 749.32 元。

（2）营业成本的组成：主营业务成本为 98 857 767.44 元。

（3）管理费用的组成：职工薪酬 37 000 元，无形资产摊销 2 206 248.77 元，折旧费 5 256 787.48 元。

（4）财务费用的组成：计提长期借款及应付债券利息 1 100 123.65 元。

（5）销售费用中其他经营活动现金支出为 271 677.25 元。

（6）所得税费用的组成：当期所得税费用 7 500 123.32 元，递延所得税收益 0 元。

资产负债表有关项目的明细资料如下。

（1）存货中生产成本、制造费用的组成：职工薪酬 185 000 元，折旧费 20 000 元。

（2）应交税费的组成：本期增值税进项税额 26 785 365.22 元，增值税销项税额 27 186 867.39 元，已交增值税 244 942.87 元；应交所得税期末余额为 625 010.28 元，应交所得税期初余额为 0 元。

（3）本期交易性金融资产过程中支付的其他与投资活动有关的现金为 2 870 517.02 元。

（4）本期以现金支付长期应付款 16 373.69 元，为偿还债务支付的现金。

2. 依据资产负债表、利润表及其他相关资料，对江科股份有限公司 2018 年现金流量表各项目金额进行分析计算。

3. 根据各项目金额的计算结果，编制江科股份有限公司的现金流量表。

【解析】

现金流量表的编制从不同的角度，分为直接法和间接法。

直接法是指按现金收入和现金支出的主要类别直接反映企业经营活动产生的现金流量，如销售商品、提供劳务收到的现金，购买商品、接受劳务支付的现金等就是按现金收入和支出的类别直接反映的。在直接法下，一般是以利润表中的营业收入为起点，调节与经营活动有关的项目的增减

变动，计算出企业经营活动产生的现金流量。

间接法是指以净利润为起算点，调整不涉及现金的收入、费用、营业外收支等有关项目，剔除投资活动、筹资活动对现金流量的影响，据此计算出经营活动产生的现金流量。

间接法和直接法作为确认和计量经营活动产生的现金流量的两种方法，既有联系，又有区别。

1. 间接法和直接法的联系

（1）间接法和直接法都是经营活动产生的现金流量的报告方式。现金流量表编制的目的是向报表使用者提供企业报告期内现金流入与流出的信息。如前面我们介绍的那样，现金流量按交易性质的不同，分为经营活动产生的现金流量、投资活动产生的现金流量和筹资活动产生的现金流量。间接法和直接法都是用来确定经营活动产生的现金流量的方法。

（2）间接法和直接法都需要把权责发生制转换为收付实现制。间接法以本期利润（或亏损）为基础，通过调整应收、预付账款和应付、预收账款以及存货的增减变动，将按权责发生制确认的本期利润（或亏损）转换成以收付实现制为基础的经营活动产生的现金流量。

直接法是以本期营业收入为基础，通过调整应收、预收账款的增减变动，将权责发生制下的收入转换成收付实现制下的收入。通过调整存货及应付、预付账款的增减变动，将权责发生制下的购货成本转换成收付实现制下的购货成本。同理，通过调整其他应收、预收收入及其他应付、预付费用的增减变动，将权责发生制下的其他收入与其他支出转换为收付实现制下的其他收入与其他支出，最终确定出经营活动产生的净现金流量。

（3）间接法和直接法编制现金流量表工作底稿所需的主要资料相同。

间接法和直接法编制现金流量表工作底稿所需要的资料都包括比较资产负债表、利润表以及非流动科目增减变动的有关资料。

（4）间接法和直接法确定经营活动现金流量的结果相同。尽管间接法和直接法确定经营活动现金流量的计算起点不同，具体调整的项目也不尽相同，但两者都是揭示同一经营活动的现金流量，所依据的计算资料相同，这在客观上决定了两种方法确定经营活动现金流量的结果必然相等。

两种方法所确定的经营活动现金流量可以互相验证。

2.间接法和直接法的区别

（1）两者的起点不同。直接法以营业收入为起点，而间接法以本期净利润为起点。

（2）两者的编制原理不同。虽然起点不同，要达到的目标却是相同的，这就决定了两种方法的编制原理不同。好比过圣诞节装饰圣诞树，直接法是小松树上还什么都没有装饰，小挂件一个个都在筐里，装饰人需要按"一共7个红色灯笼、2个银色糖果、5个金色铃铛"的要求把适合的东西挂上去；而间接法是已经有人帮我们装饰了一番，但是没有按要求来，灯笼有9个，其中红色5个、紫色4个，而要求的是只有7个红色的就可以，糖果和铃铛也一样，数量颜色都不对，我们需要摘下来一些，再挂上去一些，实现要求的"一共7个红色灯笼、2个银色糖果、5个金色铃铛"的圣诞树。

（3）两者编制完成后，给报表使用者提供的信息不同。如我们前面说到的装饰圣诞树的例子，由于树上什么也没有，被干扰因素就少，所以直接法编制的现金流量表，其编制原理简单明了，即从现金收入中扣除现金支出得出净现金流量，报表使用者很容易理解。同时，这种方法还揭示了

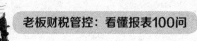

经营产生的现金收支总额，可以得到经营活动现金流入的来源和经营活动现金流出的用途信息，有助于估计将来的现金流量。而且，经营活动产生的现金流量，代表企业运用经济资源创造现金流量的能力，便于报表使用者分析一定期间内产生的净利润与经营活动产生的现金流量的差异。而投资活动产生的现金流量，代表企业运用资金产生现金流量的能力。筹资活动产生的现金流量，代表企业筹资获得现金流量的能力。

采用间接法，就是对已经做了一番装饰的小松树进行调整。看上去就有点乱，有的饰品需要摘下来，有的饰品又需要添加上去，装饰人需要思路特别清晰才可以。间接法编制的现金流量表，由于以净利润为起点，调整非现金业务收入和支出，以及过去或未来的营业性现金收支的应计额，有助于从现金流量的角度分析企业净利润的质量。编制时只需找调整数，因此工作量小。整个编制过程揭示了现金流量表与资产负债表之间的内在联系，很好地反映了获利能力和偿债能力的差异。

（4）两者各有不足。采用直接法编制现金流量表时，如果企业的现金流动种类多、收支渠道复杂的话，编制起来就比较困难，不能很好地揭示现金流量表与利润表之间的关系。当然，随着电算化的推广，直接法的编制也变得方便和快捷起来。而间接法虽然编制简单，只做调整，但编制过程中未能详细列示经营活动的各项现金流入的来源和流出的用途。

第 44 问　从现金流量表能读到企业哪些信息

【案例】

世界知名企业安然公司的破产曾引起全球范围的轩然大波，因为破产前，安然公司的财务报告显示，企业盈利连年增长，它怎么会在一夜之间破产呢？实际上，安然公司经营活动现金净流量为负数已经持续了相当长时间，企业完全是依靠出售资产、对外投资及做假账来实现巨额"盈利"的，强撑硬顶只能坚持一时，破产是必然的。

【解析】

现金流量表作为企业财务报表的主表之一，对于阅读者而言，它能够反馈企业的哪些有效信息呢？

1. 企业现金流量质量好坏

现金流是企业发展的血液，只有现金流合理、质量好，才能促进企业良好循环发展。

首先，通过分别计算经营活动现金流入、投资活动现金流入和筹资活动现金流入占现金总流入的比重，了解现金的主要来源。一般来说，经营活动现金流入占现金总流入比重大的企业，经营状况较好，财务风险较低，现金流入结构较为合理。

其次，分别计算经营活动现金流出、投资活动现金流出和筹资活动现金流出占现金总流出的比重，它能具体反映企业的现金用于哪些方面。一般来说，经营活动现金流出比重大的企业，其生产经营状况正常，现金流出结构较为合理。

2. 从现金流量方向的构成分析企业财务状况

现金流量表将企业的现金流分为三个主要的方向，即企业经营活动产生的现金流量、投资活动产生的现金流量和筹资活动产生的现金流量，通过这三个现金流量的方向，我们可以分析企业财务状况。

（1）企业经营活动产生的现金流量分析。

将销售商品、提供劳务收到的现金与购进商品、接受劳务支付的现金进行比较，在企业经营正常、购销平衡的情况下，二者之间的比率越大，说明企业的销售利润越大，销售回款情况良好，企业创现的能力也越强。

将销售商品、提供劳务收到的现金与企业经营活动流入的现金总额比较，可大致说明企业产品销售现款占经营活动流入的现金总额的比重有多大，比重大，说明企业主营业务突出，营销状况良好。

将本期经营活动现金净流量与上期比较，增长率越高，说明企业成长性越好。

（2）企业投资活动产生的现金流量分析。

当企业扩大规模或开发新的利润增长点时，需要大量的现金投入。当投资活动产生的现金流入量补偿不了流出量，投资活动现金净流量为负数。但如果企业投资有效，将会在未来产生现金净流入用于偿还债务，创造收益，企业不会有偿债困难。因此，分析投资活动现金流量时应结合企业目前的投资项目进度，不能简单地以现金净流入还是净流出来论优劣。

（3）企业筹资活动产生的现金流量分析。

一般来说，筹资活动产生的现金净流量越大，企业面临的偿债压力也越大，但如果现金净流入量主要来自企业吸收的权益性资本，则企业不仅不会面临偿债压力，资金实力反而会增强。因此，在分析时，可将吸收权益性资本收到的现金与筹资活动现金总流入比较，所占比重大，说明企业资金实力强，财务风险低。

3. 比较会计报表分析现金流量趋势

通过对不同时间段企业现金流量表的比较，结合企业会计报表，分析企业现金流量趋势，再对比企业利润表来看。有的企业账面利润很大，看似业绩可观，但现金却入不敷出；而有的企业虽然巨额亏损，但现金充裕。

销售商品、提供劳务收到的现金与企业利润表中的主营业务收入比较，可以大致说明企业销售回收现金的情况及企业销售的质量，收现数所占比重大，说明销售收入实现后所增加的资产转换现金速度快、质量高。而分得股利或利润及取得债券利息收入所得到的现金与利润表中投资收益比较，可大致反映企业账面投资收益的质量。现金流量表除了与利润表有关联，还可结合企业资产负债表，看出一些重要的信息。

经营活动产生的现金流量净额与资产负债表中流动负债总额的比率可以反映企业经营活动获得的现金偿还短期债务的能力，比率越大，说明企业偿债能力越强；经营活动产生的现金流量净额与资产负债表中的负债总额之间的比率可以反映企业用经营活动所获现金偿还全部债务的能力，这个比率越大，说明企业承担债务的能力越强。

而期末现金及现金等价物余额是与资产负债表中货币资金项目余额相等的，它与资产负债表中的流动负债的比率反映企业直接偿付债务的能力，比率越高，说明企业偿债能力越强，但由于此时现金收益性差，因此这一比率也并非越大越好。因而，通过资产负债表、利润表和往期现金流

量数据，我们也可以大致预判企业现金流未来的趋势，也能结合企业三大财务报表，更全面地分析企业财务状况，为企业未来经营决策提供更有效的数据支撑。

第四章

看懂利润表

——不可不查的绩效成绩单

　　利润表是反映一定会计期间的经营成果的报表。通过阅读利润表，你可以知道企业在一定会计期间收入、费用、利润的数额、构成情况，全面地了解企业的经营成果，分析企业的获利能力及盈利增长趋势，为你作出企业发展的经济决策提供依据。

第 45 问　什么是营业收入

【案例】

企业需要根据公司发展战略，将经营活动明确划分为主营业务与其他业务。万科的主营业务收入包括房地产与物业服务取得的收入，其他业务收入包括为合营、联营企业提供运营管理服务收取的管理费；苏宁易购的主营业务收入包括零售批发、物流、金融、安装维修及易购网站的平台服务、房地产销售、代理劳务等业务取得的收入，其他业务收入包括租赁收入、连锁店服务收入、代理费收入、广告位使用费收入等；青岛啤酒的主营业务收入是销售啤酒取得的收入，其他业务收入包括包装物销售收入、材料及废料销售收入、运输收入等；顺丰控股的主营业务收入包括速运物流收入、商业销售收入等，其他业务收入包括处置物资收入。

【解析】

国内外的利润表都是从营业收入开始的。营业收入等于企业销售商品或提供服务向客户收取的款项（不含增值税）。由于营业收入一直以来都位于利润表的首行，国外财经专业媒体常常将其称为 Top Line（顶线）。

营业收入按照企业营业活动的种类进一步细分为主营业务收入与其他业务收入。通常，企业销售商品、提供服务（劳务）等主要营业活动形成的收入作为企业的主营业务收入；制造型企业销售原材料及出租固定资产、无形资产等其他营业活动形成的收入作为企业的其他业务收入。对于绝大部分企业来说，主营业务收入在营业收入中占主要部分。

第 46 问　什么是营业外收入和营业外支出

【案例】

1955 年，美国《财富》杂志根据企业上一个会计年度总收入的多少，对美国最大的 500 家工业企业进行排名，首次创立了"美国 500 强"企业排行榜。

之后《财富》杂志以总收入为标准先后推出了"美国之外的 500 家最大的工业企业排行榜""全球工业企业 500 强排行榜""全球服务企业 500 强排行榜"。

1995 年，《财富》杂志以企业上一个会计年度剔除消费税后的总收入为标准，发布了同时涵盖工业企业和服务企业的全球 500 强排行榜，此后每年坚持发布，成为具有国际影响力的世界范围的工商企业排行榜。

不过，由于各国企业利润表的格式存在一些差异，因此对最终排名结果造成了一定的影响。目前一些国际大企业采用单步式利润表格式，利润表中第一项是总收入与其他收益，其中既包括营业总收入，又包括投资收益、利息收益及资产处置收益等其他收益，500 强排名时使用扣除消费税后的总收入与其他收益作为排名指标，涵盖范围实际超出了收入范畴，包含了计入当期损益的利得。

中国企业按照企业会计准则的规定，统一采用多步式利润表格式，利润表中第一项为营业收入，使用扣除消费税后的营业收入参加500强排名。与国际企业相比，中国企业的排名收入中未包含投资收益、利息收益、资产处置收益及其他收益，排名指标被严重低估。从这一点来讲，《财富》全球500强排名未能充分考虑各国企业财务报表的差别，客观性还有待进一步提高。

【解析】

营业外收入是指与公司的生产经营活动没有直接关系的各种收入，包括固定资产盘盈、处理固定资产收益、罚款净收入、确实无法支付应转作营业外收入的应付账款、教育费附加返还款等收入。

营业外支出是指与公司生产经营无直接关系的各项支出，如固定资产盘亏、固定资产处理净损失、非常损失、非正常停工损失等支出。

在损益表中，"营业外收入"和"营业外支出"项目分别反映的是在会计期间，公司所取得的营业外收入的数额和发生的营业外支出的数额。

第47问　什么是主营业务利润率

【案例】

格力电器与美的集团是国内两家优质的家电类上市公司，2018年分别实现营业收入1 981亿元和2 597亿元，但两家公司的营业范围与产品种类存在较大差异。到目前为止，格力电器的经营活动主要集中在空调业务，2018年其空调业务对营业收入贡献达到1 557亿元，占比78.58%，生活电器与智能装备占营业收入的比重均不足2%；美的集团的经营活动并没有过度依赖空调业务，虽然2018年其空调业务对其营业收入的贡献超过千亿元（1 094亿元），但占比不到一半，仅为42.13%，消费电器对营业收入的贡献也超过千亿元（1 030亿元），在营业收入中所占比重（39.66%）与空调业务几乎不相上下——在2016年和2017年消费电器对营业收入的贡献与占比甚至超过了空调业务。此外，美的集团在2017年实现了对德国机器人巨头库卡公司的收购，机器人及自动化系统在最近两年也为公司贡献了近10%的收入。由此可见，虽然格力电器与美的集团两家上市公司同属家电类企业，但业务类型与收入结构存在较大差异，未来市场环境变化对公司业务及营业收入的影响也会明显不同。

【解析】

主营业务利润又叫产品销售利润，指主营业务收入减去主营业务成本及税金后的余额。它是企业主营业务财务成果的具体体现。主营业务利润率是企业在一定期间内主营业务利润与主营业务收入净额的比率，它说明了企业主业的盈利能力，也反映出企业主营业务的市场竞争力和发展潜力。

由于主营业务利润的变化受企业销售量、产品品种构成、销售价格、单位销售成本等诸多因素影响，所以主营业务利润率也受到这些因素的影响。

（1）如果企业的销量大幅提高，在其他条件都不变的情况下，其主营业务利润率应该会提高，因为生产产品时，原材料、工时可能与产成品是一一对应的关系，但机器的折旧费、车间管理人员的工资等，在同期不会有太多变化，这样，产量增加时，分配到每个产品的主营业务成本就会降低，企业的利润率空间就越大。

（2）当总销售收入不变，利润率水平不同的产品销售数量有增有减

时，主营业务利润率改变。

（3）如果消费者不会因为价格升高而改变其购买意向的话，提高产品的销售价格，直接就能增加收入，在成本不变的情况下，企业的收入增加，主营业务利润率当然也提高了。

（4）如果其他条件不变，企业通过降低材料成本、提高劳动者工作效率等方式降低了单位产品成本，也能提高主营业务利润，从而使主营业务利润率提高。

第 48 问　营业毛利是什么

【案例】

在汤臣倍健 2017~2019 年度合并报表的财务资料中，企业 2019 年度平均存货余额为 7.32 亿元，2019 年度的存货周转率为 2.46 次 / 年；企业 2018 年度平均存货余额为 5.62 亿元，2018 年度的存货周转率为 2.70 次 / 年。

这就是说，企业 2019 年的周转速度有了下降的趋势，毛利率也有所下降。一般认为，存货周转率下降和毛利率下降是企业在市场上的竞争力有所下降的标志。

考察一下汤臣倍健合并利润表的相关信息，我们会发现，企业 2017 年毛利率为 67.11%，2018 年为 67.66%，2019 年为 65.77%，呈现出一定的下降趋势。结合企业存货周转速度，我们可以做出如下评价：企业在存货周转速度有所下降的情况下，毛利率也同时下降，企业盈利能力和市场竞争力的前景值得关注。

【解析】

所谓营业毛利，就是营业收入减去营业成本后的结果。用公式表示即为：营业毛利＝营业收入－营业成本。从这个公式中，我们可以看到，企业的营业毛利越大，那么，企业最终的净利润才有可能越大。当然，营业毛利是一个绝对数字，我们要衡量一家企业获取毛利的能力，还要看另外一个指标，那就是营业毛利率。

如果一家企业想要增加营业毛利、提高营业毛利率，就需要在增加销量、减少营业成本方面下功夫。当然，营业毛利还不是企业最终能够"拿到手"的利润，这里面还要减去相关的费用，以及承担一定的税负。

第 49 问　如何从营业收入判断企业成长性

【案例】

从营业收入规模来看，国内知名休闲服装生产厂商美邦服饰自 2008 年上市以来，一直是国内服装类上市公司的领导者，且营业收入规模持续保持两位数增长。但从 2011 年开始，美邦服饰的实际控制人、董事长周成建沉迷于资本运作、股票投资，公司主营的服装类业务营业收入（2011 年营业收入约 100 亿元）出现下滑，并一直持续到 2015 年——当年营业收入仅为 63 亿元。

国内另外两家服装生产厂商海澜之家与森马服饰此前营业收入规模一直不及美邦服饰，但在 2014 年均实现反超并持续保持优势，2018 年两家

公司分别实现营业收入 191 亿元和 157 亿元，而美邦服饰 2018 年的营业收入仅为 77 亿元，不及前两家公司的一半。

【解析】

营业收入是企业从外部市场取得的经济利益流入。从竞争结果角度来看，营业收入在一定程度上可以代表客户与市场对企业产品或服务的认可度和满意值。例如，同一行业内营业收入持续维持在较高水平的大企业往往意味着客户对其产品或服务认可度高，因此充分把握营业收入的变化趋势对于准确地判断一家企业的未来发展具有重要价值。一般来说，处于成长阶段的企业，营业收入普遍呈现快速增长态势，表明企业未来具有较大的发展潜力与空间。一些成长性较好的企业营业收入常常保持两位数增长。

第 50 问　企业的客户类型对营业收入有什么影响

【案例】

同为高端白酒生产企业的贵州茅台与五粮液在客户集中度方面一直存在较大差异。从两家公司年报披露的情况来看，贵州茅台前五名客户的营业收入在总营业收入中所占的比重持续维持较低水平，约为 5%；而五粮液前五名客户的营业收入在总营业收入中所占的比重前些年曾高达 75%（2008 年），近年来虽然有所下降，但仍处于 11% 左右。与五粮液相比，贵州茅台的客户更为分散，大客户对企业的影响更为有限，公司在与客户谈判过程中处于更为有利的地位。

两家公司近年来营业收入规模逐渐拉开差距的事实也印证了这一点。贵州茅台的营业收入最近十年持续增长，且 2016~2018 年总营业收入均实现两位数增长；五粮液的营业收入在 2013 年与 2014 年出现了下滑，2014 年降幅高达 15%，虽然 2016~2018 年也实现了两位数增长，但增幅与贵州茅台存在一定差距，两家公司 2018 年营业收入规模差距达到 300 多亿元。

【解析】

在进行营业收入分析时，还应该区分企业的客户类型。如果企业的客户是大众消费者——B2C（商对客）业务，则应该重点关注消费者偏好与行为的改变及竞争对手市场策略的调整。如果企业的产品或服务是针对其他企业的——B2B（企业对企业）业务，则客户企业自身的经营状况及发展态势对企业的营业收入具有较大影响。在国家宏观经济政策、产业发展方向出现重大调整时，客户企业需求的大幅变化必然会影响企业营业收入的稳定性与可持续性。

此外，营业收入的客户来源在一定程度上也反映了企业的经营风险。在一些市场竞争较为充分的行业里，如果企业的客户过于集中，营业收入过分依赖某个或某几个重要客户，则企业的经营风险无疑会加大。国内上市公司在年报、半年报财务报表附注中一般会列出前五大客户在营业收入中所占的比重，这一比重的高低可以在一定程度上反映客户集中度，值得重点分析与研究。

第51问　什么是费用

【案例】

国内啤酒行业的佼佼者青岛啤酒，由于持有大量货币资金，产生了较多的利息收入，在减去利息支出、汇兑损失之后仍有大量余额，连续多年的财务费用持续为负数。青岛啤酒的货币资金在总资产中所占的比重接近30%，这一比重几乎为国内外同行的3~5倍，公司货币资金持有量明显偏高。

大量资金以银行存款的形式存在虽然可以产生利息收入抵减其他财务费用，但造成了资源闲置与浪费，严重降低了青岛啤酒资产的整体获利能力，公司应该通过偿还债务、现金分红或兼并收购等手段积极妥善地充分利用现有货币资金，适当降低货币资金持有量，提高资产的整体获利能力。

美国著名财务学家迈克尔·詹森在1986年曾经针对部分美国公司长期持有大量资金不分红的情况提出了自由现金流量（Free Cash Flows）理论，也称自由现金流量的代理成本理论。自由现金流量理论认为，企业管理人员之所以保留资金而不愿意将其分发给股东，是因为现金储备增加了他们经营决策的自主性，扩大了公司的规模与掌控的资源，提高了管理者个人的影响力。

众多研究表明，管理人员的薪酬与公司规模基本保持正相关关系。因此，企业管理人员出于自身利益的考虑，采取背离股东利益的经营管理行为，由此给股东带来了利益损失，这种利益损失即为代理成本。

【解析】

利润表中的费用项目大体上可以分为两类：一类是与产品或服务直接相关的营业活动的费用支出，这部分主要体现为营业成本与税金及附加；另一类是与产品或服务相关性不紧密、与时间维度更为相关的费用支出，这部分被统称为期间费用，具体包括管理费用、销售费用、研发费用和财务费用。

与营业收入相对应，营业成本也分为主营业务成本和其他业务成本。为取得主营业务收入而发生的费用属于主营业务成本。例如，制造型企业当期对外出售产品的生产制造成本就是主营业务成本。产品的生产制造成本一般由生产加工过程中耗用的原材料成本、生产工人的薪酬与福利支出，生产车间的水电费、厂房与机器设备的折旧费，车间管理人员的薪酬与福利支出等构成。为取得其他业务收入而发生的费用属于其他业务成本。例如，某个企业当期对外出售原材料取得了其他业务收入，减少的原材料价值就是其他业务成本。

第 52 问　什么是营业费用

【案例】

卖空调的，卖一台就要运输一台，这个费用不会减少。当然，卖得多，单位销量的营业费用能少一些。不管企业最终卖出去 1 台还是 5 台，

上个星期在商场门口展销会花的 500 元展览费都是固定的。如果卖 1 台，其展销成本就是 500 元；如果卖了 5 台，每台分摊的展销成本就只有 100 元。

【解析】

营业费用是用来核算企业销售商品过程中发生的费用，包括运输费、装卸费、包装费、保险费、展览费、广告费、销售人员的工资福利、销售部门用固定资产的折旧等。通俗地讲，只要是发生在销售环节的费用，都需要归集到这个项目下。

设有独立销售机构（如门市部、经理部）的工业企业，其独立销售机构所发生的一切费用均列入销售费用。未设立独立销售机构且销售费用很小的工业企业，按规定，可将销售费用并入管理费用。商业企业在商品销售过程中所发生的各项费用属于商品流通费，一般不计入商品的销售成本，而是通过商品的售价来直接补偿。

在安全投资的经济分析中，销售费用是计算经济效益的基础数据。包括企业在销售商品过程中发生的保险费、包装费、展览费和广告费、商品维修费、预计产品质量保证损失、运输费、装卸费等以及为销售本企业商品而专设的销售机构（含销售网点，售后服务网点等）的职工薪酬、业务费、折旧费等经营费用。企业发生的与专设销售机构相关的固定资产修理费用等后续支出也属于销售费用。

销售费用是与企业销售商品活动有关的费用，但不包括销售商品本身的成本和劳务成本，这两类成本属于主营业务成本。企业应通过"销售费用"科目，核算销售费用的发生和结转情况。该科目借方登记企业所发生的各项销售费用，贷方登记期末转入"本年利润"科目的销售费用，结转后，"销售费用"科目应无余额。"销售费用"科目应按销售费用的费用项目进行明细核算。

第 53 问　营业成本包括哪些成本

【案例】

中国长江电力股份有限公司（以下简称"长江电力"）主要从事水力发电业务，拥有葛洲坝电站及三峡工程已投产的全部发电机组。由于水力发电业务自身的特点，长江电力的总成本中固定成本所占比重较高。折旧费用与利息支出占总成本费用的 70% 左右，除此之外，公司的总成本费用中还存在员工基本薪酬等其他形式的固定成本。如此高比例的固定成本，对长江电力实现盈利需要达到的营业收入规模提出了一定要求，同时当营业收入发生变化时，营业利润与净利润也会随之出现大幅调整。

【解析】

营业成本，也称作运营成本，是指企业所销售商品或者提供劳务的成本。在实际操作中，营业成本应当与营业收入进行比较，从而了解企业是盈利还是亏损。所以，相对于营业收入来说，营业成本包括主营业务成本和其他业务成本。

所谓主营业务成本，是指公司生产和销售与主营业务有关的产品或服务所必须投入的直接成本，主要包括原材料、人工成本（如工资）和固定资产折旧等。主营业务成本用于核算企业因销售商品、提供劳务或让渡资产使用权等日常活动而发生的实际成本。

其他业务成本是指企业除主营业务活动以外的其他经营活动所发生的

成本。比如说，建筑装饰企业在拾捡工地上的钢材尾料时，聘用了几位工人，并支付给工人劳务费，那么支出的这笔费用便属于营业外成本。

此外，对于一些经营商品流通的企业而言，销售成本往往构成了营业成本的主体。企业在销售中，总会伴随一定量的存货与进货，在这当中，会产生一定的费用。所以，销售成本的计算公式为

销售成本 = 期初存货 + 本期进货 + 本期进货运费 − 期末存货

对于任何企业来说，营业（销售）成本越低，那么意味着公司的经营效率越高，竞争力就会越强。比如说，世界著名的零售巨头沃尔玛，就是以保持较低的营业成本，而逐渐提升竞争力的。因此，企业应该想办法压低不必要的成本，这对改善企业的利润状况是大有裨益的。

第 54 问　什么是公允价值变动损益

【案例】

上市公司金地集团股份有限公司（以下简称"金地公司"）在 2013 年 11 月 30 日发布会计政策变更公告，从 2013 年 12 月 1 日起将投资性房地产后续计量模式由成本计量模式变更为公允价值计量模式。

在采用公允价值计量后，公司无须每月为投资性房地产计提折旧，只需期末按照公允价值调整投资性房地产账面价值，公允价值与原账面价值之间的差额计入利润表中的公允价值变动收益项目。会计政策变更后，需要对财务报表进行追溯调整，公司 2013 年净利润因此增加约 13 亿元，2013 年年末所有者权益增加约 38 亿元。

斯米克、新华联、三木集团、迪康药业等上市公司也在2013年纷纷将投资性房地产的后续计量模式由成本计量模式变更为公允价值计量模式。在房地产价格不断上涨的情况下，这种变更不仅能够大幅增加公司资产总额和权益总额，提升公司账面实力与融资能力，还能够减少折旧费用、增加公允价值变动收益，提高公司净利润，真可谓一举两得。

不过，会计政策的变更无法改变公司生产经营的实际状况，增加的公司利润仅仅是账面数字而已，无法形成现金流入。当未来房地产价格出现严重下跌时，如果客观地按照公允价值调整资产账面价值，则这些公司的账面业绩将面临巨大压力。

【解析】

企业日常使用公允价值变动损益账户核算以公允价值计量，且其变动计入当期损益的金融资产或金融负债及采用公允价值模式计量的投资性房地产等的公允价值变化对当期利润的影响：公允价值变动损益账户反映的内容仅仅是一种账面浮动的盈利或亏损，企业并没有发生真实的现金流入或流出，不属于企业真正实现的确定性损益。如果日后资产或负债的公允价值再次发生变化，则前期确认了损失的资产或负债当期有可能形成利得，而前期确认了利得的资产或负债当期也有可能出现损失。因此，公允价值变动损益结果无法取得真实的现金流入，并且缺乏足够的稳定性与可靠性，与企业的经营活动无关，盈利质量较差。公允价值变动损益账户的最终结果在利润表中的公允价值变动收益项目反映（如果出现损失，则在利润表中以负数表示）。

相比之下，股票、债券、基金等金融资产及相关金融负债的市场交易价格比较透明，公允价值容易获得，但投资性房地产的公允价值要通过专业评估才能获得，实际评估结果受多方面因素的影响，其公允价值往往是

一个评估范围——只要是评估范围内的结果都可以接受，而不是某个具体数值，因此给企业管理人员调节利润留下了空间。特别是在房地产价格不断上涨的背景下，企业管理人员热衷于利用投资性房地产的评估增值来提升企业的账面利润。

第 55 问　什么是营业外活动

【案例】

獐子岛集团股份有限公司（以下简称"獐子岛"）是一家位于辽宁省大连市长海县专业从事水产养殖业务的渔业企业，是国家农业产业化重点龙头企业。公司凭借独特的地理优势和优越的水质条件，培育养殖了大量口味与营养俱佳的海洋食品，虾夷扇贝是其主打产品之一，经济价值可观。2006 年，獐子岛在深圳证券交易所挂牌上市，上市当天开盘价达到60.89 元／股，股价在当时国内所有上市公司中位居第二。2008 年 1 月，獐子岛股价达到了巅峰——151.23 元／股，成为沪深两市的"股王"，被称为"水产第一股"。

2014 年 10 月底，獐子岛发布公告称，一股未被大连市气象局通报的"冷水团"让獐子岛在近海底播养殖的虾夷扇贝受灾严重，近乎绝收。受此影响，公司当年计提存货跌价损失 2.8 亿元，注销存货 7.3 亿元，全年亏损 12.0 亿元。獐子岛"冷水团"惊现成为国内 A 股市场著名的"黑天鹅"事件。虽然广大投资者并不相信所谓的"冷水团"，不过相关监管部门后续调查，仅认定公司存在重要内部控制缺陷，并未确认媒体质疑的

"投苗存货造假""大股东占用资金"等问题。

此后，辽宁省大连市獐子岛居民提供了一份 2000 多人具名的实名举报信，称獐子岛"冷水团变乱"是"弥天大谎"，虾夷扇贝绝收事件并不属实，公司涉嫌造假。中国证监会对此启动核查程序，但并未取得重大发现，闹得沸沸扬扬的"冷水团"事件最后不了了之。

令人难以置信的是，獐子岛并未深刻吸取教训，故技频频重演。2018 年 1 月 30 日，公司发布公告称，存量虾夷扇贝异常。这一次公司以降水减少为由，称降水减少导致虾夷扇贝的饵料生物数量下降，再加上海水温度异常，造成高温期后的虾夷扇贝越来越瘦，最后诱发死亡，又一次带来巨额亏损。2018 年 2 月 9 日，中国证监会对獐子岛立案调查。2019 年 4 月 27 日，獐子岛发布第一季度财务报告，亏损 4 314 万元，亏损原因依然是底播虾夷扇贝受灾。

中国证监会经过一年多的调查，于 2019 年 7 月 10 日对獐子岛下发了《行政处罚及市场禁入事先告知书》，认定獐子岛公司及相关人员涉嫌财务造假、内部控制存在重大缺陷、信息披露不及时等，对公司给予警告并罚款，对公司董事长吴厚刚采取终身市场禁入措施。

由于对农业类企业的存货核查较为困难——审计师很难深入海底盘点虾夷扇贝数量、监测虾夷扇贝重量，因此这类企业容易进行财务造假。除了獐子岛，20 世纪国内上市公司蓝田股份号称采用高密度鱼鸭配套养殖技术，鱼塘亩产 3 万元，而同在湖北地区的另一家上市公司武昌鱼亩产仅为 1 000 元，曾经轰动一时的"蓝田神话"最后被发现居然是明目张胆的财务造假。

【解析】

企业发生的惩罚性利得与罚款支出，与经营活动无关的政府补助，取

得的捐赠与对外捐赠支出，以及其他非常利得与损失等属于营业外收入与支出，因为产生这些利得与损失的活动一般不被视为企业的正常经营活动，在会计准则中被视为营业外活动。

企业需要定期对存货进行盘点。如果盘点存货后发现，企业实际存货数量较账面结果出现短缺——也被称为"盘亏"，则相应的会计处理应区分两种情况：

一是属于计量收发差错和管理不善等原因造成的存货短缺，在扣除残料价值和过失人赔偿后，净损失计入管理费用；二是属于自然灾害等非常原因造成的存货毁损，在扣除处置收入（如残料价值）、可以收回的保险赔偿和过失人赔偿后，净损失计入营业外支出。如果盘点存货后发现，企业实际存货数量较账面结果出现盈余——也被称为"盘盈"，则按照盘盈存货的重置成本增加存货资产，并经过管理层批准后，最终冲减当期的管理费用。

第 56 问　营业利润的计算公式是什么

【案例】

表4　勇峰公司2018—2019年度营业利润

编制单位：勇峰公司　　　　　　2020年1月18日　　　　　　单位：万元，%

项目	2018 年	2019 年	增减额	增减率
营业收入：	330.00	380.00	50.00	15.15
减：营业成本	186.00	190.00	4.00	2.15
营业税金及附加	0.98	1.30	0.32	32.65

编制单位：勇峰公司　　　　　2020年1月18日　　　　单位：万元，%

项目	2018 年	2019 年	增减额	增减率
销售费用	9.00	10.00	1.00	11.11
管理费用	20.00	23.00	3.00	15.00
财务费用	60.00	65.00	5.00	8.33
资产减值损失	4.00	2.00	−2.00	−50.00
加：公允价值变动收益				
投资收益	−3.00	20.00	23.00	
营业利润	47.02	108.70	61.68	131.18

通过上表，我们可以看出，勇峰公司 2019 年的营业收入比 2018 年度增加 50 万元；另外，勇峰公司在其他业务上，比如对外投资收益上扭亏为盈，获得了 20 万元投资收益。由于该公司在这两项收入上都有显著增加，因此，尽管该公司在营业成本与营业费用上都有所增加，但营业利润还是显著提升，即比上一年度增加利润 61.68 万元，利润增加率为 131.18%，可以说利润增加非常显著。

【解析】

这里的营业利润，是指企业的税前利润，一般是企业缴纳所得税的依据。它的计算公式为：

营业利润 = 营业毛利 − 营业费用 − 资产减值损失 + 公允价值变动净收益 + 投资净收益

其中，资产减值损失是指因资产的账面价值高于其可收回金额而造成的损失；公允价值变动净收益是指企业以各种资产，如投资性房地产、交易性金融资产等公允价值变动而形成的应计入当期损益的利得或损失，即公允价值与账面价值之间的差额，它反映了资产在持有期间因公允价值变动而产生的损益；投资净收益是指企业投资收益减投资损失后的净额。

一般情况下，企业的营业利润为正数，表示企业处于盈利状态；如果

营业利润为负数，意味着企业处于亏损状态。所以，我们判断一个企业是不是赚钱，主要从营业利润来判断。另外，从所得税的角度上来看，企业处于盈利状态，便需要缴纳企业所得税。

第 57 问　什么是净利润

【案例】

特变电工 2019 年度财务报告显示，合并利润表的核心利润约为 17 亿元，经营活动产生的现金流量净额约为 40 亿元。核心利润获现率远远大于 1——说明企业当年核心利润的含金量很高；合并利润表的投资收益约为 4.29 亿元（包含了公允价值变动收益），取得投资收益收到的现金约为 0.34 亿元。投资收益获现率远远小于 1。

企业合并报表关于投资收益的附注显示，在投资收益中，用权益法核算的长期股权投资收益达 4.14 亿元。企业投资收益获现率远远小于 1，这代表了投资收益的含金量不足。也就是说，号称 4.29 亿元的投资收益，其主体就是一个数字——不能带来现金净流入量的数字。

因此，企业利润带来的现金流量只能依赖于自己的经营活动。

从补偿能力来看，企业经营活动产生的现金流量净额当年需要补偿的折旧、无形资产摊销和长期资产摊销费约为 16 亿元，需要补偿的利息支出约为 9 亿元。

企业有关当年股利分配的信息为：经信永中和会计师事务所（特殊普通合伙）审计，2019 年度本公司（母公司）实现净利润 1 228 291 646.07

元，根据《特变电工股份有限公司章程》规定，提取 10% 的法定公积金 122 829 164.61 元，加以前年度未分配利润，2019 年度可供股东分配的利润为 5 983 835 220.37 元。公司拟以总股本 3 714 312.789 股为基数，每 10 股派现金 1.65 元（含税），共计分配现金 612 861 610.19 元（含税），期末未分配利润结转以后年度分配。"

这就是说，企业集团所获得的全部经营活动产生的现金流量净额可以完成最基本的简单再生产所需要的货币补偿——补偿折旧、无形资产摊销和长期资产摊销、支付利息（合计约 25 亿元），企业分配现金股利所需要的货币资金 6.1 亿元也可以用经营活动产生的现金流量净额来解决。

本案例中企业的风险点在于投资收益的含金量不足。

此外，经营活动现金流量净额与取得投资收益收到的现金规模如果长期与核心利润、投资收益相去甚远，企业利润所对应的资产终将归于不良资产。

【解析】

净利润是营业利润加上投资收益、补贴收入和营业外收入，减去营业外支出和所得税费用后的余额。它是企业所有者最终取得的财务成果，或者说是可供企业所有者分配和使用的财务成果。

净利润率又称为销售净利率，是指企业实现的净利润与营业收入的比率，通过这一指标可以衡量企业在一定时期内整体获取利润的能力。其计算公式为

净利润率 =（净利润 + 营业收入）× 100%

在对企业净利润率进行分析时，我们需要关注以下内容。

（1）由于净利润中包含了营业外收支净额和投资净收益，而营业外收支净额和投资净收益在年度之间可能会变化较大，且无规律，所以如果

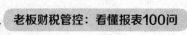

企业两年间净利润率的变化幅度较营业利润率的变化幅度要大，甚至趋势相反的话，需要关注企业是否受营业外收支净额和投资净收益的影响比较大。

（2）由于净利润率也减除了所得税费用，所以，如果不同年度内企业所得税税率有明显调整，则势必影响净利润率的计算。

（3）从净利润率公式可以看出，企业的净利润率与净利润成正比例关系，与营业收入成反比例关系。也就是说，"薄利多销"可能会扩大企业的销售收入，却不一定能提高净利润率。通过"薄利多销"的方式，可以增加企业的资产周转率，盘活企业资产，提高其营运能力，却不一定能改善其盈利能力。

第58问　营业外利润越多越好吗

【案例】

从20世纪90年代开始，《财富》全球500强排名的影响力日益增大，很多中国企业家和政府官员都被500强排名的光环迷惑，让更多的中国企业进入500强排行榜成为国人的梦想。1996年，当时主管国有企业的国家经贸委甚至宣布，未来将重点扶植宝钢、海尔、江南造船、华北制药、北大方正及四川长虹六家企业，力争使它们在2010年以前进入全球500强榜单。

国内社会对《财富》全球500强排名的狂热促使很多企业家和政府官员把营业收入规模的扩大——而不是净利润的增加，作为企业发展的首要目标，盲目追求"做大做强"。但收入多的企业，未必盈利多、实力强。《财富》全球 500 强排名的本意只是按照营业收入规模排列出全球最大的 500 家企业，其英文表述是 "The Largest Corporations in The World"，但国内却将其翻译为 500 强，容易让人产生误解，以为上榜企业一定是实力强、赚钱多的企业。其实未必如此，虽然 500 强中不乏沃尔玛、苹果、埃克森美孚等一批盈利能力强的优秀企业，但也有一些上榜企业是"大而不强"。以 2019 年上榜企业为例，500 家企业中有 31 家亏损（占 6%），亏损最为严重的美国通用电气公司上一个会计年度亏损金额高达 224 亿美元。

需要注意的是，不同类型的企业产生营业收入的能力存在较大差别。相比之下，处在各个产业链下游的企业，在具有一定规模后，更容易形成营业收入——下游产品的附加值更大，产品单位售价更高，同样的销量带来的营业收入比上游产品更多。因此，《财富》全球 500 强排名在不区分行业的情况下，简单比较各企业营业收入规模，其意义与价值具有局限性。此外，即便是比较同一行业内企业的营业收入也需要注意其营业收入的形成过程——是形成于竞争性市场，还是形成于受保护、有管制的市场。

【解析】

企业的营业外利润，是指在营业利润以外，企业的营业外收入减去营业外费用的差额。一般情况下，企业的营业外利润应该小于营业利润。在这里，营业外收入的计算公式为

营业外收入 = 利息收入 + 处置固定资产收益 + 技术服务收入 + 其他收入

与营业外收入相对应的是营业外费用，它的计算公式为

营业外费用＝按权益法认定之投资净损＋利息费用＋处置固定资产损失＋兑换净损＋灾害损失净额＋其他损失

接下来便是营业外利润的计算公式：

营业外利润＝营业外收入－营业外费用

通常情况下，企业主营业务以外的产业，被称为副业。在企业经营中，营业外利润一般会小于营业利润，但可以作为企业利润体系中的有益组成部分。因此，我们便得出企业税前利润的计算公式为：

税前利润＝营业利润＋营业外利润

企业的税前利润也可以称为利润总额。因此，在企业的税前利润中扣除所得税后，便构成了企业的净利润。

第59问　净利润与营业利润有什么区别

【案例】

2011年，美国《财富》杂志公布全球500强企业名单，同时也披露了500强企业上一个会计年度的净利润。从数字结果来看，营业收入排名第42位的瑞士雀巢公司以328亿美元的净利润拔得头筹，成为当年盈利最多的企业。不过，这一结果明显出乎人们意料。

从行业背景来看，得益于油气价格持续维持在高位的大环境，此前几年全球盈利最多的企业一直是国际大型油气能源公司。美国石油巨头埃克森美孚公司2005~2009年雄踞净利润排行榜榜首5年。2010年，俄罗斯天然气工业公司凭借246亿美元的净利润超过埃克森美孚公司，成为当年盈利最多的企业。油气能源公司在高油价、高气价的支撑下在净利润排行榜上长期占据显赫位置成为常态，而雀巢公司所在的食品行业盈利规模鲜有出众表现。

从《财富》全球 500 强企业此前 10 年公布的盈利结果来看，雀巢公司净利润排名从未进入过前 5 名，最好的名次是 2008 年以净利润 167 亿美元排名第 9 位，公司在 2010 年和 2011 年也并未发生大规模兼并收购交易，营业收入分别排第 44 位和第 42 位，基本稳定，而净利润排名则由前一年的第 29 位大幅跃居首位，实属意外。

仔细翻阅雀巢公司的年报不难发现，该公司 2010 年 328 亿美元的净利润中有 244 亿美元来自非持续性经营业务，而持续经营业务贡献的净利润仅为 84 亿美元。非持续性经营业务利润是由雀巢公司处置旗下全球最大的眼护理业务——爱尔康公司产生的。雀巢公司于 2010 年 1 月 4 日以 283 亿美元的价格向瑞士诺华公司出售了爱尔康公司 52% 的股份。此笔交易于 2010 年 8 月 25 日得到监管部门的批准并最终完成，为雀巢公司 2010 年账面业绩贡献了 244 亿美元的净利润。

由此可见，雀巢公司利润表中披露的 328 亿美元的净利润并不完全符合财务会计中的持续经营基本假设，其中大部分盈利的来源不具有持续性，账面的净利润总额与其他公司不具有可比性，不能算作真正意义上盈利最多的企业。从持续经营角度来看，2011 年 500 强企业中真正盈利最多的企业还是俄罗斯天然气工业公司，该公司上年净利润为 319 亿美元，连续两年成为《财富》全球 500 强中盈利最多的企业。

【解析】

所谓净利润，是指在利润总额中按规定缴纳了所得税以后公司的利润留存，一般也称为税后利润或净收入，这才是真正能够归企业自主分配的

部分。一般情况下，企业的净利润有两个计算公式：净利润 = 利润总额 − 所得税费用；净利润 = 利润总额 × （1− 所得税率）。比如说，我国企业的一般所得税税率为25%，小型微利企业的所得税率为20%，被国家认定为高新技术企业的纳税单位所得税率为15% 等。根据这样的公式，企业便可以一步步算出来自己最后究竟获取的净利润是多少。

通过上面的公式可以看出，一个企业的净利润取决于两个因素，一个是利润总额，另一个是所得税率。对于第一个因素，企业可以通过扩大规模，从而增加利润总额；对于第二个因素，企业则可以通过某些税收优惠法规，从而合理合法地降低自己所适用的所得税税率。

对于企业来说，净利润能预计未来现金流量。正如我们所说的"量入为出"，企业的现金流量通常也是在净利润的基础上展开的。

第 60 问　什么是每股盈余

【案例】

某上市公司在2018 年归属于普通股股东的净利润为2 000 万元，期初发行普通股股数为1 000 万股，年内普通股股数未发生变化。那么，该公司在期末的每股盈余为：2（2 000/1 000）元。

【解析】

每股盈余，也称为每股收益，是指税后利润与股本总数的比率。它是预测股票投资价值的一个基础性指标，还是综合反映公司获利能力的重要指标，它是公司某一时期净收益与股份数的比率。

每股盈余的计算公式为：

每股盈余 = 盈余 / 总股本

该比率可以反映出每股创造的税后利润。其中，比率越高，表明所创造的利润就会越多。

假如公司只有普通股时，净收益便是税后净利，股份数是指流通在外的普通股股数；假如公司还有优先股，应从税后净利中扣除分派给优先股东的股利。

在这里，所谓普通股，是股票的一种基本形式，它构成上市公司资本的基础，我们平时在股市中进行交易的股票一般都是普通股；所谓优先股，是相对于普通股而言的，它在利润分红时具有优先权，在企业清算时也有优先求偿的权利。

对于股民等投资者来说，比较不同企业的每股盈余，显然对自己的投资活动很有参考价值。

第 61 问　盈余管理的实务操作有哪些策略

【案例】

深圳市农产品股份有限公司（以下简称"农产品公司"）是一家农产品生产流通企业，业务范围涉及蔬菜种植、牲畜养殖、屠宰加工和农产品流通等。2005 年，公司启动股权激励计划，成为国内股权分置改革以来首家通过股权激励方案的国有控股上市公司。

根据股权激励计划，公司拿出 2 620 万股股份（占总股份的 6.76%）

作为股权激励，管理层及核心业务骨干在按照每股 0.8 元的标准缴纳风险保证金后成为股权激励计划的受益人，行权等待期限为三年。认股资格业绩考核指标为 2005~2007 年的净资产收益率分别不低于 2.5%、4.5% 和 6.0%。如果三年内任何一年没有完成上述目标，则必须连续三年实现盈利且三年盈利总额达到 1.82 亿元。如果业绩没有达标，则管理人员的认股资格将被取消，风险保证金也将被公司没收。

事实上，公司 2005 年与 2006 年的净资产收益率分别为 1.34% 和 3.43%，均没有达到业绩目标，因此只有连续三年实现盈利且盈利总额达到 1.82 亿元，管理人员才有资格认购股份并避免保证金被没收。由于公司 2005 年、2006 年及 2007 年前三个季度实现的净利润分别为 1 890 万元、5 002 万元及 5 951 万元，2007 年第四季度实现的净利润只有超过 5 357 万元才能达到业绩目标。为此，公司密集进行了一系列的资产及股权转让交易。

2007 年 10 月，公司转让青岛青联股份有限公司 35.36% 的股权，取得税前收益 1 300 万元；11 月，转让全资子公司前海惠民街市公司 100% 的股权，取得税前收益 3 600 万元；12 月，先转让厂房及部分资产权益，取得税前收益 2 000 万元，再分别转让下属公司荔园公司和黄木岗公司 100% 的股权，两项合计取得税前收益 2930 万元。

通过上述交易，公司第四季度实现净利润 1.12 亿元，2007 年全年实现净利润 1.71 亿元，公司三个会计年度连续盈利且累计盈利达到 2.40 亿元，达到股权激励业绩目标，管理人员可以拿回风险保证金。

不过，通过大规模出售资产，而不是正常的生产经营活动，完成了认股资格业绩考核，公司管理人员也觉得脸上无光，主动提出放弃股权激励基金。

公司透露，管理人员放弃的股权激励基金总额至少在 7 000 万元以上。

在国外曾被大加赞赏的股权激励计划，引入国内后在契约不完备的情况下，不仅没有发挥出应有的激励效果，反而催生了公司管理人员变卖资产进行盈余管理的一场闹剧。由此可以看出，股票期权作为一种激励手段在国内实际操作中需要进一步完善设计，明确业绩实现方式，即企业的利润来源。像农产品公司这种通过"砸锅卖铁"变卖家底实现的账面利润缺乏可持续性，不仅没有为公司和股东创造价值，还对公司的长远发展带来了不利影响。

【解析】

盈余管理在实务操作中主要有三种策略。

一是管理人员会采取各种技术手段努力提高当期收益，使账面经营业绩达到预期目标或避免出现亏损。例如，中国远洋控股股份有限公司在连续两年出现巨额亏损的情况下，面临退市威胁，2013年公司先后向大股东中远集团出售其所持有的下属公司股权，通过大规模出售优质资产，公司当年取得投资收益99亿元（上年同期为17亿元，同比增长482%），扣除经营亏损后勉强实现盈利，避免了连续三年亏损，保住了公司的上市资质。

二是如果预计企业当期盈利无望，亏损无法避免，那么管理人员会通过提前确认费用、大规模提取资产减值或集中处置不良资产以及延迟确认收入等手段加大当期亏损额度，为下一个会计年度扭亏为盈奠定基础，这种行为被形象地称为"洗大澡"。曾被视为美国企业管理领域传奇人物的路易斯·郭士纳，在1993年出任IBM首席执行官时，就使用过这一策略。上任之初，郭士纳大规模列支成本费用，公司当年出现了80亿美元的巨额亏损，创下了美国公司史上的亏损纪录，但这一做法也拉低了他接管公司后的发展起点，为公司未来的业绩改善做好了铺垫，IBM随后几年的业

绩提升在很大程度上得益于此。

三是投资者普遍厌恶风险，不愿意投资那些业绩大起大落的公司，而是希望公司业绩平稳，最好能够实现稳步增长，因此管理人员会尽可能在经营顺利的年份延迟确认收入、超额提取准备金、处置不良资产，避免当期收益过高，在经营不利的年份提前确认收入、转回准备金、出售优质资产，提升账面业绩，这种行为被称为利润平滑。美国的通用电气公司曾被认为是平滑利润的高手，该公司精心安排兼并收购节奏及资产或股权的处置时间，同时合理利用会计政策，通过确认重组费用对冲出售资产所带来的一次性收益，降低利润的波动，创造了连续17个季度每股收益指标与华尔街分析师预期基本持平或略微超出的纪录，曾被认为是"全美最具可预测性的公司"。

第 62 问　什么是"虚假繁荣"

【案例】

甲公司2017~2019年营业利润3年复合增长率为20%，同期"经营活动产生的现金流量净额"复合增长率为15%。由此可以判断，甲公司营业利润的增长是在经营现金净流量同步增长的基础之上的，这样的增长质量是比较好的。

那么，假如同期"经营活动产生的现金流量净额"复合增长率为2%，那么甲公司利润增长的质量就比较差，表明利润的快速增长并没有带来经营现金流量的同步增长，经营活动产生的净现金流量反而出现下滑的趋势，企业获取的利润质量堪忧，企业的盈利只是"虚假繁荣"。我们甚至可以据此认为甲公司的盈利真实性存疑。

【解析】

有些企业的盈利情况看起来不错，但是企业资金日益紧张，我们把这种情况看作"虚假繁荣"。造成"虚假繁荣"的原因有两个：一是企业只顾销售产品，无暇顾及销售回款，或者是在赊销管理方面不得要领，在赊销政策、应收账款管理等方面管理不善，导致销售出去的货物或劳务无法及时回笼资金；二是业绩造假，通过虚假的营业收入、营业成本数据，来营造出盈利状况不错的假象。既然是造假出来的利润，自然就不会有相对应的现金流入。

那么，如何通过现金流量表来识别这种利润向右而现金流向左的"虚假繁荣"呢？

简单直接的判断方法就是：企业利润的增加是否带动了现金流的同步增加。如果用财务报表中的项目来分析，那就是将利润表中的"营业利润"增长率与现金流量表中的"经营活动产生的现金流量净额"增长率进行对比。

如果在较长期限内（可以是2年、3年、5年或更久），营业利润增长较快，而"经营活动产生的现金流量净额"增长没有大致同步，甚至出现下降的趋势，那就表明企业的利润质量不高，甚至存在利润虚假的可能性。

实务中，为了避免营业利润和"经营活动产生的现金流量净额"因各年度差异较大，导致每年的同比增长率变化很大，给分析判断带来困难，可以选择使用复合增长率指标来计算分析（比如选取最近3年或5年的复合增长率），复合增长率可以减少各年度同比增长率波动较大的问题。

我们之所以强调"大致"同步，而不是精确的同步，是因为营业利润不仅受营业收入的影响，还受营业成本、期间费用等项目的影响。同样，"经营活动产生的现金流量净额"不仅受销售回款的影响，还受其他经营活动回款、支出的影响，由此会导致营业利润的增长率不可能和"经营活动产生的现金流量净额"增长率完全一致，只需"大致"同步即可。

第五章

看懂所有者权益变动表
——摸清自有资金的来龙去脉

　　所有者权益变动表全面反映某一期间企业所有者权益各组成部分的增减变化情况，为资产负债表中所有者权益各个项目期初、期末余额变化进一步提供增量信息。

第 63 问　所有者权益变动表包括哪些核心内容

【案例】

金英科技公司是一家生产智能手机锂电池的中小型企业，尽管规模不大，但因为具备一定的核心技术，而且其客户比较稳定，所以其业绩也一直在稳步提高。2019 年该公司发生了一些比较大的变化。该公司的所有者权益变动表显示，2019 年其所有者权益比 2018 年增加了 2 091.69 万元，增幅高达 166.79%，所有者权益变动较大的原因有以下两个。

第一，未分配利润增加。2019 年期末未分配利润为 234.88 万元，比 2018 年增长了 54.4%，未分配利润的增加主要是因为 2019 年创造的净利润比 2018 年有所增加。另外，可供出售金融资产公允价值变动产生了 2.39 万元的收益，这也是未分配利润增加的原因。

第二，实收资本增加。2019 年实收资本为 3 000 万元，比 2018 年增加了 2 000 万元，主要是股东新注资了 2 000 万元。我们结合该公司报表附注信息得知，该公司新注资的股东是一家手机制造企业，注资之后其取得了控股权。这样该公司的总经理、财务总监等关键岗位人员都发生了变更，公司的经营战略也发生了改变，未来的发展方向尽管也是生产手机锂电池，但是不再向其他手机厂商出售，仅供此控股公司。因此，销售人员也将大幅裁员，未来公司经营状况的好与坏都将与控股公司的经营状况密切相关。

【解析】

所有者权益变动表的核心内容包括五个方面：净利润、综合收益、所有者投入与减少资本、利润分配、所有者权益内部结转等。弄懂这5个内容的变动因素，就基本读懂了所有者权益变动表。

1.净利润与所有者权益变动额之间的关系

净利润是影响所有者权益变动的重要因素之一，是企业经营业务的净收益，是利润表中的数据。但是有一些资本利得或损失并不涉及利润表项目，而是直接计入了资产负债表项目。同时，影响所有者权益变化的因素还包括会计政策变更或会计差错更正，以及所有者投资、分配利润、提取盈余公积等。

用公式表示净利润与所有者权益变动额之间的关系如下。

净利润 + 直接计入所有者权益的利得 − 直接计入所有者权益的损失 + 会计政策和会计差错更正的累积影响 + 所有者投入资本 − 向所有者分配利润 − 提取盈余公积 = 本期所有者权益变动额

从此公式中也可以看出，所有者权益变动表实际上是把资产负债表和利润表连接在了一起，它可以把企业的资本、权益、经营收益的变动及相互影响体现出来。

2.分析综合收益

综合收益是指企业在某一期间与所有者之外的其他方面进行交易或发生其他事项所引起的净资产变动。综合收益总额项目反映净利润和其他综合收益扣除所得税影响后的净额相加后的合计金额。其他综合收益是指企业根据其他会计准则规定未在当期损益中确认的各项利得和损失。其他综合收益主要包括两类。

第一类是以后会计期间不能重分类进损益的其他综合收益项目，该类

项目主要包括以下内容。

（1）重新计量设定受益计划净负债或净资产导致的变动。根据《企业会计准则第9号——职工薪酬》，有设定受益计划形式离职后福利的企业应当将重新计量设定受益计划净负债或净资产导致的变动计入其他综合收益，并且在后续会计期间不允许转回至损益。

（2）按照权益法核算的在被投资单位不能重分类进损益的其他综合收益。投资方取得长期股权投资后，应当按照应享有的被投资单位其他综合收益的份额，确认其他综合收益，同时调整长期股权投资的账面价值。

第二类是以后会计期间在满足规定条件时，将重分类进损益的其他综合收益项目。

该类项目主要包括以下内容。

（1）按照权益法核算的在被投资单位，可重分类进损益的其他综合收益变动中所享有的份额。

（2）可供出售金融资产公允价值变动形成的利得或损失、持有至到期投资重分类为可供出售金融资产形成的利得或损失。可供出售金融资产公允价值变动形成的利得或损失，除减值损失和外币货币性金融资产形成的汇兑差额外，应当直接计入所有者权益（其他综合收益），并在该金融资产终止确认时转出，计入当期损益。

（3）现金流量套期工具产生的利得或损失中属于有效套期的部分。

（4）外币财务报表折算差额。企业对境外经营的财务报表进行折算时，应当将外币财务报表折算差额在资产负债表中所有者权益项目下单独列示（其他综合收益）。

（5）根据相关会计准则规定的其他项目。比如，根据《企业会计准则第3号——投资性房地产》，自用房地产或作为存货的房地产转换为以公允价值模式计量的投资性房地产，在转换日公允价值大于账面价值的部分，应计入其他综合收益；待该投资性房地产处置时，将该部分转入当期损益等。

3. 分析所有者投入与减少资本

资本的变化有资本增加或者资本减少两种情况，具体表现为以下几种。

（1）所有者投入资本。

所有者追加投入的资本导致资本增加；分配股票股利，增加股本；发行的可转换公司债券按规定转为股本；重组债务转为资本等。

（2）股份支付计入所有者权益的金额。

股份支付一般是企业与员工或其他方之间以股份为基础的交易，企业进行股份支付的主要目的是获得员工或其他方的服务。在股份支付中，企业要么向员工支付其自身权益工具，要么向员工支付一笔现金，而其金额高低取决于结算时企业自身权益工具的公允价值。股份支付会涉及资本公积和股本的变动。

（3）资本减少。

一般情况下，资本减少的情况：企业经营不善，发生重大亏损，或企业股东因其他原因决定减少股本。

4. 利润分配分析

利润分配主要涉及两个方面。

一是提取盈余公积，包括提取法定盈余公积和任意盈余公积。法定盈余公积按当年净利润的 10% 提取，累计提取数超过资本的 50% 时可不再计提；任意盈余公积的提取没有硬性要求。提取盈余公积的主要目的在于积累资金。

二是向股东分配利润，主要是分配给股东的股利，包括现金股利和股票股利。向股东分配利润会导致未分配利润减少，这属于消费资金的范畴。

提取盈余公积和分配股利剩下的未分配利润，既可用于生产经营，也可用于企业扩张，还可留待以后年度进行股利分配。

5. 所有者权益内部结转分析

所有者权益内部结转主要是权益类科目之间的转换，不涉及其他类型的科目，主要包括以下几项内容。

（1）资本公积转增资本。

资本公积从本质上讲属于投入资本的范畴，我国采用注册资本制度等导致了资本公积的产生。《中华人民共和国公司法》等法律规定，资本公积的用途主要是转增资本，即增加实收资本（或股本）。

账务处理如下。

借：资本公积

　　贷：实收资本（或股本）

（2）盈余公积转增资本：利润和资本之间的转化，减少留存收益。

企业将盈余公积转增资本时，必须经股东大会或类似机构决议批准。

在实际将盈余公积转增资本时，要按股东原有持股比例结转。盈余公积转增资本时，转增后留存的盈余公积的数额不得少于注册资本的25%。

账务处理如下。

借：盈余公积

　　贷：实收资本（或股本）

（3）盈余公积弥补亏损。

盈余公积可以用于弥补亏损，不需要作账务处理。

第 64 问　所有者权益变动表与其他三张报表之间 有什么关系

【案例】

某生物制药企业 2017 年年底购入用于新项目的固定资产共 60 万元，购入后企业采用直线法分 5 年对固定资产计提折旧（假设没有残值）。但在 2019 年年底复核固定资产状态时发现，此项目所用固定资产处于高度腐蚀状态，使用直线折旧法不能真实地体现该资产使用与其经济利益的预期实现方式的一致性，通过与税务部门沟通，确认改为加速折旧法。如果按直线法，该固定资产共提折旧 24 万元，而改采用加速折旧法——双倍余额递减法的情况下，2 年共应提的折旧为 42 万元，相应地应减少所有者权益 18 万元。这就是会计政策变更累积影响所有者权益的金额。

【解析】

所有者权益变动表与资产负债表、利润表、现金流量表目前都是上市公司必须披露的 4 张报表，这 4 张报表存在很强的钩稽关系，只有全面把握它们之间的钩稽关系，才能更好地理解和分析这 4 张报表。

1. 4 张报表之间的钩稽关系

4 张报表的整体关系是这样：资产负债表报告的是企业某一时点的价值存量，而利润表、现金流量表与所有者权益变动表反映的是两个时点之间的存量变化——流量，利润表反映了所有者权益变化的一部分，即利润

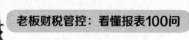

表中的净利润对所有者权益中未分配利润的影响；现金流量表则反映了现金的变化过程；所有者权益变动表反映的是资产负债表中所有者权益具体项目的变化过程。4张报表是用会计语言反映会计期间的总体财务状况和经营业绩的。

2. 所有者权益变动表与资产负债表的关系

所有者权益变动表反映的是资产负债表中所有者权益部分的变动情况。实收资本（或股本）、资本公积、盈余公积、未分配利润、所有者权益（或股东权益）合计，这几个项目在资产负债表上的期初数与期末数要分别与所有者权益变动表中相应项目的金额一致。

3. 所有者权益变动表与利润表的关系

利润表中的净利润会影响所有者权益中的未分配利润金额。企业当年的经营情况对所有者权益的影响就是通过净利润来体现的，年度终了"本年利润"科目金额，要全部结转到"未分配利润"科目里面，而结转前的本年利润期末余额反映的就是利润表中的净利润数额。

4. 所有者权益变动表与现金流量表的关系

所有者权益变动表与现金流量表之间并不存在直接的、一一对应的关系，但是存在着间接的关系，这种间接关系主要通过资产负债表相关项目连接。比如，企业股东用货币资金注资，现金流量表中"吸收投资收到的现金"增加，则所有者权益变动表中实收资本或股本增加。

第 65 问　实收资本是什么

【案例】

2019 年 8 月，国川宣采（天津）企业管理咨询有限公司银行账户中收到其股东北京国川富美科技集团有限公司汇入的一笔投资款 21.12 万元，针对该笔交易，国川宣采（天津）企业管理咨询有限公司在 2019 年 8 月应做会计分录如下：

借：银行存款　　　　　　　　　　　　　　　　211 200

　　贷：实收资本——北京国川富美科技集团有限公司　　211 200

【解析】

实收资本是指企业实际收到的投资人投入的资本，按照投资形式目前可划分为：货币资金、实物、无形资产、股权四种。

1. 货币资金出资

货币资金出资是以人民币现金投资，以企业开户行实际收到股东汇款的时间和金额入账。如股东以外币汇入，应将外币折算为记账本位币金额入账。外币出资的情况下，有合同约定汇率的，按合同、协议约定汇率折算；合同没有约定汇率的，按收到出资款当日的汇率折算。《公司法》规定企业以货币资金出资的实收资本不得低于注册资本的 30%。

2. 实物出资

实物出资可以是不动产、动产、原材料、产成品等，需经过资产评估

机构出具的评估报告认定其计入实收资本的金额。

3. 无形资产出资

无形资产出资是指股东以其拥有的专利权、非专利技术、商标权、土地使用权等进行出资，应通过所有股东一致同意确认的价值计入实收资本。一般不得超过企业注册资金的70%。

4. 股权出资

股权出资是指股东用其持有的在其他公司的股权作价出资，使其成为公司财产的一部分。近年来，股权出资已经成为越来越普遍的出资形式。

第 66 问　实收资本等同于注册资本吗

【案例】

2019年7月，北京国川富美科技集团有限公司与北京国川水元咨询有限公司达成投资协议，双方合资成立国川宜采（天津）企业管理咨询有限公司，双方约定注册资本金为409.48万元，其中北京国川富美科技集团有限公司认缴出资221.12万元，北京国川水元咨询有限公司认缴出资188.36万元。

2019年8月，国川宜采（天津）企业管理咨询有限公司的银行账户中仅收到股东北京国川富美科技集团有限公司汇入的投资款21.12万元。

该案例中，在2019年8月，国川宜采（天津）企业管理咨询有限公司的注册资本为409.48万元，实收资本为21.12万元。

【解析】

除了实收资本，我们还会经常听说注册资本，注册资本是企业营业执照上必须填写的项目。那么，实收资本和注册资本一样吗？

实收资本并不等同于注册资本。注册资本是指企业在登记管理机构登记的资本总额，是各股东承诺一定要缴纳的出资额的总和。我国法律、法规规定，企业成立之前必须在企业合同、章程中明确企业的注册资本，并向登记机构登记。2013 年《公司法》修改之后，取消了公司设立的最低限额。2014 年新《公司法》改注册资本实缴登记制为认缴登记制，仅存 27 类金融相关企业仍需验资注册资本。

实收资本是指股东按照企业章程或合同、协议的约定，实际投入企业中的各种资产的价值，股东投入的资本在一般情况下无须偿还，供企业运营使用。

在注册资本实缴制下，企业在设立之后股东须一次缴足同等于注册资本的出资额，且须经依法设立的验资机构验资并出具证明。

实收资本认缴登记制是指工商部门只登记公司认缴的注册资本总额，无须登记实收资本，也不再收取验资证明文件，申请企业登记时不用再为缴纳注册资本金而发愁。一方面，企业股东愿意认缴多少就可以是多少，理论上 1 元钱也能办公司；另一方面，即使设立时注册资本较高，也无须担心因短期内无力缴纳资本金而引起经营风险，只需在企业注销之前缴足认缴注册资本即可，这大大降低了创业成本。

综上所述，在现在相对宽松的营商环境下，股东可以按照自己意愿登记公司的注册资本金，并在公司设立之后按实际经营需求陆续安排实缴出资（按规定计入实收资本），在股东缴足注册资本之前，实收资本与注册资本额必然不等同。但在公司注销之前，需按照我国相关法律法规的约定缴足认缴注册资本，此时公司实收资本则与注册资本金额一致。

第 67 问　如何确认实收资本

【案例】

2020 年 5 月，甲公司因业务及发展的需要，向吴某借资 10 万元形成公司的债务；6 月经甲公司与吴某商议，将吴某 10 万元债权转化为甲公司实收资本，吴某成为甲公司的股东之一。

2020 年 5 月甲公司收到吴某 10 万元借款时的会计分录。

借：银行存款　　　　　　　　　100 000

　　贷：其他应付款——吴某　　　100 000

2020 年 6 月甲公司与吴某债权转化时的会计分录。

借：其他应付款——吴某　　　　　100 000

　　贷：实收资本　　　　　　　　100 000

【解析】

企业的实收资本该如何确认呢？企业应按照企业章程、合同、协议或有关规定，根据实际收到的货币、实物及无形资产来确认投入资本。

1. 收到货币投资时，主要根据收款凭证进行确认和验证；如果接收的是投资者的外汇投资，应根据取得利润的来源地外汇管理局出具的证明确认和验证。

2. 收到以房屋建筑物、机器设备或材料物资等实物资产作价出资的投资时，应根据各项有关凭证进行确认，同时还要进行实物清点、实地勘察，核实投资实情。另外，房屋建筑物应具备产权证明。

3.收到以专利权、非专利技术、商标权和土地使用权等无形资产作价出资的投资时，应根据各项有关凭证和证明进行确认和验证；外方合营者以工业产权和非专利技术作价出资的，必须符合规定的条件。

第 68 问　实收资本怎么核算

【案例】

2020 年 6 月 15 日，某外国公司向甲公司投入 30 万美元外币资本，双方投资合同中未约定汇率，假设收到出资额的当日汇率为 6.50 元人民币／美元。

此例子中，甲公司收到的是美元，则需按照汇率转换为人民币入账，依据题中信息，其转化金额为：1 950 000（300 000×6.50）元，主要会计分录如下。

借：银行存款——外币账户　　　　1 950 000

　　贷：实收资本——某外国公司　　1 950 000

【解析】

我们知道了实收资本的定义及组成，那实收资本究竟该如何进行核算呢？

1.现金投入的资本核算

投资者以现金投入的资本，应当以实际收到或者存入企业开户银行的金额作为实收资本入账，实际收到或者存入企业开户银行的金额超过其在该企业注册资本中所占份额的部分，计入资本公积。

2.非现金投入的资本核算

投资者以非现金资产投入的资本，应按投资各方确认的价值作为实收资本入账。为首次发行股票而接受投资者投入的无形资产，应按该项无形资产在投资方的账面价值入账。

3.外币投入的资本核算

投资者投入的外币，合同没有约定汇率的，按收到出资额当日的汇率折合人民币；合同约定汇率的，按合同约定的汇率折合人民币；因汇率不同产生的折合差额，作为资本公积处理。

4.中外合资投入资本的核算

中外合作经营企业依照有关法律、法规的规定，在合作期间接受投资者投资的，对已收到的投资应当单独核算，并在资产负债表中作为实收资本的加项单独反映。

第 69 问　什么是专项储备

【案例】

甲公司为大中型煤矿企业，属于高瓦斯的矿井，按照国家规定该煤炭生产企业按原煤实际产量每吨提取 15 元安全生产费。2019 年 5 月 31 日，甲公司"专项储备——安全生产费"科目余额为 30 000 万元。

（1）2019 年 6 月按照原煤实际产量计提安全生产费 1000 万元。

（2）2019 年 6 月支付安全生产检查费 50 万元，以银行存款支付。

（3）2019 年 6 月购入一批需要安装的用于改造和完善矿井瓦斯抽采等

安全防护设备，取得增值税专用发票注明价款为 20 000 万元，增值税为 3 400 万元，立即投入安装，安装中应付安装人员薪酬 30 万元。

（4）2019 年 7 月安装完毕达到预定可使用状态。

根据上述资料做出甲公司相关账务处理。

（1）

借：生产成本　　　　　　　　10 000 000

　　贷：专项储备——安全生产费 10 000 000

（2）

借：专项储备——安全生产费　500 000

　　贷：银行存款　　　　　　　500 000

（3）

借：在建工程　　　　　　　　20 000 000

应交税费——应交增值税（进项税额）34 000 000

　　贷：银行存款　　　　　　　　23 400

借：在建工程　　　　　　　　300 000

　　贷：应付职工薪酬　　　　　300 000

（4）

借：固定资产　　　　20 030

　　贷：在建工程　　　20 030

借：专项储备——安全生产费　20 030

　　贷：累计折旧　　　　　　　20 030

【解析】

国内个别行业的企业由于特殊情况，在所有者权益中会有一个特殊项目——专项储备。按照中国政策规定，石油、石化、煤炭等行业的企

业，要提取高危行业安全生产费、维简费、转产发展资金、矿山环境恢复治理保证金等，计入相关产品的成本或当期费用，同时增加所有者权益中的"专项储备"；使用储备资金时直接减少专项储备，不再影响使用期损益。因此，专项储备是所有者权益中唯一可以直接影响当期净利润结果的项目，意义重大。

尽管相关政府部门对专项储备的提取与使用制定了相应的政策，但现有政策对专项储备提取标准的规定较为明确，而对专项储备具体使用标准的规定则相对含糊。因此，是否使用专项储备及具体使用多少专项储备为个别企业调节和操纵利润提供了一个新的渠道。例如，企业可以在需要控制利润的会计年度减少使用专项储备，尽可能地把相关开支计入当期费用，压低利润；而在需要提升利润的会计年度通过增加使用专项储备，减少当期费用，提升账面利润。

第70问　什么是资本公积

【案例】

A、B、C三人各投资100万元成立一家企业，企业的注册资金为300万元。经营1年之后。企业盈利状况不错，且由于企业的发展壮大仍需要资金投入，这时D想加入该企业（D是一家风险投资公司）。D提出，他投资100万元，计入实收资本，这样A、B、C、D四个人各占1／4的股份。你觉得A、B、C三个人能同意这个方案吗？答案是：一般情况下他们是不会同意的。

正常的思路是：D 也许需要投资 500 万元，才能占到 1／4 的股份。这样，当企业收到 500 万元投资时，资产负债表左边的资产（D 用现金投资则是货币资金项目，用固定资产投资则是固定资产项目）增加了 500 万元，考虑复式记账法，则资产负债表右边的所有者权益中，实收资本增加 100 万元，还有 400 万元则计入资本公积。

这里需要注意的是：实收资本就是企业的注册资本，每个股东在实收资本中所占的比例就是他的股权比例，所以如果把 D 投资的 500 万元都计入实收资本，那么 D 的股权比例就远远高于 A、B、C 了。因此，500 万元中只有 100 万元计入实收资本，另外 400 万元计入资本公积，这就是资本公积账户的用途之一，即记录资本溢价或股本溢价的数额。

【解析】

资本公积是投资者或者他人投入到企业、所有权归属于投资者并且在金额上超过法定资本部分的资本或资产。资本公积并不是由企业的利润形成的，与企业收益无关。股东投资进来的钱并不一定全部反映为会计上的实收资本或股本，因为有一部分按规定需要计入资本公积。资本公积在一定情况下也可以转增为资本。

资本公积从本质上讲属于投入资本的范畴，由于我国采用注册资本制度等原因导致了资本公积的产生。《公司法》等法律规定，资本公积的用途主要是转增资本，即增加实收资本（或股本）。虽然资本公积转增资本并不能导致所有者权益总额的增加，但资本公积转增资本，一方面可以改变企业投入资本结构，体现企业稳健、持续发展的潜力；另一方面，对股份有限公司而言，它会增加投资者持有的股份，从而增加公司股票的流通量，进而激活股价，提高股票的交易量和资本的流动性。此外，对于债权人来说，实收资本是所有者权益最本质的体现，是其考虑投资风险的重

要影响因素。所以，将资本公积转增资本不仅可以更好地反映投资者的权益，也会影响到债权人的信贷决策。

第71问　资本公积怎么产生和计算

【案例】

某股份有限公司发行股票1 000万股，票面金额每股10元，注册资本为1亿元，溢价5元出售，出资总额1.5亿元。会计分录如下：

借：银行存款　　　　　　　　　　150 000 000

　　贷：实收资本　　　　　　　　100 000 000

　　资本公积——资本溢价　　　50 000 000

【解析】

资本公积在日常经营活动中是如何产生的呢？主要有以下两种方式。

第一类是可以直接用于转增资本的资本公积，它包括资本（或股本）溢价、接受现金捐赠、拨款转入、外币资本折算差额以及其他资本公积等。

其中，资本（或股本）溢价是指企业投资者投入的资金超过其在注册资本中所占份额的部分，在股份有限公司称为股本溢价；接受现金捐赠是指企业因接受现金捐赠而增加的资本公积；拨款转入指按规定转入资本公积的部分，企业应按转入金额入账；外币资本折算差额是指企业因接受外币投资所采用的汇率不同而产生的资本折算差额；其他资本公积中包括债权人豁免的债务等。

第二类是不可以直接用于转增资本的资本公积，它包括接受捐赠非现金资产准备和股权投资准备等。其中，接受捐赠非现金资产准备是指企业因接受非现金资产捐赠而增加的资本公积；股权投资准备是指企业对被投资单位的长期股权投资采用权益法核算时，因被投资单位接受捐赠等原因增加资本公积，从而导致投资企业按持股比例或投资比计算而增加的资本公积。

第 72 问　什么是盈余公积

【案例】

某企业 2019 年发生的与股东权益相关的事项资料如下。

2019 年的利润表中，企业实现净利润 50 万元，"利润分配"账户相关子目中反映的利润分配情况为：提取法定盈余公积 5 万元，应付现金股利 20 万元。

"资本公积"账户上，"资本溢价"子目中，因转增股本而减少 2 万元，因投资者投资入股增加 100 万元。"股本"账户中，因资本公积转增股本增加 2 万元，因投资者投资入股增加 50 万元。

此外，已知上年末股东权益余额为 1 030 万元，其中，实收资本为250 万元，资本公积 400 万元，盈余公积 180 万元，未分配利润 200 万元。

【解析】

盈余公积是企业留存的具有特定用途的利润。其包括法定盈余公积和任意盈余公积。法定盈余公积是根据法律规定必须提取的一部分利润，比

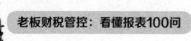

例为 10%，当法定盈余公积累计达到企业注册资本的 50% 以上时，可以不再提取。任意盈余公积是由企业自主决定提取的一部分利润，提取的比例可以由企业根据未来发展的需要来确定。

盈余公积的用途有三个：

一是用于弥补亏损。根据《企业会计制度》和有关法规的规定，企业发生亏损，可以用发生亏损后 5 年内实现的税前利润来弥补，当发生的亏损在 5 年内仍不足以弥补时，应使用随后所实现的所得税后利润弥补。通常，当企业发生的亏损用所得税后利润仍不足弥补的，可以用所提取的盈余公积来加以弥补，但是用盈余公积弥补亏损应当由董事会提议，经股东大会或类似机构批准。

二是用于转增股本。用盈余公积转增股本时，要注意留存的盈余公积不得少于注册资本的 25%。

三是用于发放现金股利和利润。在特殊情况下，当企业累积的盈余公积较多，而未分配利润比较少时，为了维护企业形象，给投资者以合理的回报，符合规定条件的企业也可以用盈余公积分派现金利润或股利。

第 73 问　盈余公积怎么计算

【案例】

2020 年 6 月，甲公司税后利润 100 万元，当月计提法定盈余公积，另根据股东大会决议本月提取 5% 的任意盈余公积。

依题例，甲公司 2020 年 6 月提取的法定盈余公积和任意盈余公积分别为：

法定盈余公积 = 税后利润 × 10% = 1 000 000 × 10% = 100 000（元）

任意盈余公积 = 税后利润 × 公司章程或者股东大会决议的提取比例 = 1 000 000 × 5% = 50 000（元）

会计分录如下。

借：利润分配——提取盈余公积　　　　100 000

　　贷：盈余公积——法定盈余公积　　100 000

借：利润分配——提取盈余公积　　　　50 000

　　贷：盈余公积——任意盈余公积　　　50 000

【解析】

盈余公积分为法定盈余公积和任意盈余公积，法定盈余公积是按相关法律法规规定计提企业税后利润的 10%；而任意盈余公积是其税后利润的任意比例，无相关规定，相关计算公式如下。

法定盈余公积 = 税后利润 × 10%

任意盈余公积 = 税后利润 × 公司章程或者股东大会决议的提取比例

值得注意的是，当法定盈余公积累计额已达到注册资本的 50% 时，可以不再提取。另外，在计算法定盈余公积时，基数不应包括企业年初未分配利润。

第 74 问　企业的留存收益是什么

【案例】

2018 年 5 月，A 公司以 500 万元直接投资于 B 公司（居民企业），取得 B 公司 50% 的股权。2020 年 6 月，A 公司将持有 B 公司的股权全部转让给 C，取得收入 800 万元。转让时 B 公司实收资本 1 000 万元、留存收益 400 万元（其中盈余公积 300 万元、未分配利润 100 万元）。

【解析】

留存收益，也称为留存盈余，是公司在经营过程中创造的，但由于公司经营发展的需要或法定的原因等，没有分配给所有者而留存在公司的盈利。可以说，留存收益是企业从历年实现的利润中提取或留存于企业的内部积累，它来源于企业的生产经营活动所实现的净利润，包括企业的盈余公积和未分配的利润两个部分。因此，留存收益包括但大于盈余公积的范畴。

其中，盈余公积便是我们前面说到的、有特定用途的累积盈余，未分配利润则是没有指定用途的累积盈余。在企业需要的情况下，留存收益可以作为企业有益的筹资途径，比如说，企业在弥补亏损、增加资本等情况下，需要提取盈余公积的做法，便可以视为一种筹资的方式。

对于未分配利润，主要是指未限定用途的留存净利润，它包括两层含义：一是这部分净利润当年没有分配给公司的股东投资者；二是这部分净利润未指定用途，可以用于企业未来的经营发展、转增资本（实收资本）、弥补以前年度的经营亏损及以后年度的利润分配等。

在这里，对于上市公司而言，还有一个"库存股"的概念。所谓"库存股"，又称为"回收股"，是公司将自己已经发行的股票重新买回，存放于公司，尚未注销或重新售出。一般情况下，公司买回库存股，可以减少市场上已发行股票的总数。在公司的资产负债表上，库存股不能列为公司资产，而是以负数形式列为一项股东权益。

基于此，企业出售库存股时所产生的收益或损失，不会引起公司损益的变化，只会引起股东权益的变化。当然，与普通发行的股票相比，库存股也具有自己的特点，包括：库存股必须是本公司自己已经发行的而且是没有办理注销的股票；库存股可以注销，也可以再次售出；库存股不分享红利，没有股东投票权，库存股的总价值不能超过公司资本的5%。

一般来说，公司持有库存股，可能出于这样的原因：买下某些要退出企业的股东的全部股票；经营活动的需要；为了吸引投资人，公司买回库存股，可以减少股票的发行数量，从而有助于每股净收益上升，以保持公司股票市值上升的形象；预防企业被吞并；利用持有库存股再根据市场行情来再次发行，作为公司理财的重要方法；公司股东或外界人士向企业捐赠的本公司股票等。

总之，在所有者权益变动表中，我们可以综合地看出股东权益有哪些变化，是股东了解自己股权变化状况的重要渠道。

第六章

看懂财务报表附注
——报表附注揭示的"秘密"

财务报表中各个项目的数据是经过高度抽象概括之后的结果。仅靠阅读 4 张财务报表本身所得到的有用信息相当有限，若想全面理解财务报表数字中蕴含的大量背景信息，还需要认真阅读分析财务报表附注。

第 75 问　财务报表附注包括哪些内容

【案例】

表5　财务报表的附注模板

序次	内容
1	不符合基本会计假设的说明
2	重要会计政策和会计估计的说明，以及重大会计差错更正的说明。会计报表附注应披露的重要会计政策主要包括： 编制会计合并报表所采纳的原则； 外币折算时所采用的方法； 收入的确认原则； 所得税的会计处理方法； 短期投资的期末计价方法； 存货的计价方法； 长期股权投资的核算方法； 长期债权投资的溢折价的摊销方法； 坏账损失的具体会计处理方法； 借款费用的处理方法； 无形资产的计价及摊销方法
3	或有事项的说明
4	资产负债表日后事项的说明
5	关联方关系及其交易的说明
6	会计报表中重要项目的说明，主要有： 应收款项（不包括应收票据）及计提坏账准备的方法； 存货、投资核算的方法； 固定资产计价和折旧方法； 无形资产计价和摊销的方法； 长期待摊费用的摊销方法

序次	内容
7	其他重大会计事项的说明： 企业合并、分立； 重要咨产的转让或出售情况； 重大投资、融资活动

【解析】

财务报表附注是按照一定的规则进行编制的，无论是对于企业利好或不利好的消息，只要是企业重要的信息，都要在附注中进行披露。会计准则要求企业财务报表附注至少需披露以下相关内容，总体来说，主要有四个方面。

1. 企业基本情况

此部分主要介绍企业的成立时间、注册地址、法定代表人、统一社会信用代码、注册资本、实收资本、公司类型以及经营范围等信息。

2. 主要会计政策和会计估计

企业应该披露其采用的主要会计政策和会计估计。

企业的会计政策与会计估计一经确定，一般不允许更改，如遇重大环境变化确需修改，应在财务报表附注中予以披露。

3. 重要报表项目的说明

企业要在财务报表附注中对重要报表项目的构成与当期增减变动的情况以文字或表格的形式进行说明，并列示相关的具体数额，依次以资产负债表、利润表、现金流量表和所有者权益变动表的顺序及项目进行列示。

4. 其他需要说明的重要事项

本部分包括关联方关系及其交易、或有事项、承诺事项、资产负债表日后事项和其他重要事项的披露等。在结尾的部分，还需披露企业财务报

表附注报出机构及日期。

第76问　怎样读懂财务报表附注

【案例】

桃花岛有限公司会计报表附注

2021年2月14日（单位：人民币·元）

一、公司简介

桃花岛有限公司系经SH市工商行政管理局批准，于2018年11月17日取得注册号（××××）的企业法人营业执照。本单位注册资本××万元，法人代表黄药师。本公司经营场所：桃花岛。本公司经营范围：武术培训、跌打药材生产。

二、不符合会计核算前提的说明

本公司不符合会计核算前提的情况有："……"

三、主要会计政策、会计估计的说明

1.会计制度

本公司执行企业会计准则及其补充规定。

2.会计年度

本公司会计年度自公历1月1日起至12月31日止。

3.记账本位币

本公司以人民币为记账本位币。

4. 记账原则和计价基础

本公司以"权责发生制"为记账原则，以"历史成本"为计价基础。

5. 外币业务的核算方法及折算方法

本公司对发生的外币经济业务，采用业务发生时当月月初中国人民银行公布的市场汇率（中间价）折合为记账本位币记账，年末按市场汇率（中间价）对外币账户余额进行调整，按年末市场汇率（中间价）折合的记账本位币金额与账面记账本位币金额之间的差额作为汇兑损益处理。

其中属筹建期间发生的汇兑损益计入长期待摊费用；属购建固定资产发生的汇兑损益，在固定资产达到预定可使用状态前计入各项在建工程成本；除上述情况以外发生的汇兑损益计入当期财务费用。

6. 现金及现金等价物的确定标准

（1）现金为本公司库存现金以及可以随时用于支付的存款；

（2）现金等价物为本公司持有的期限短（一般为从购买日起，3个月到期）、流动性强、易于转换为已知金额的现金、价值变动风险很小的投资。

7. 应收款项

（1）坏账的确认标准：本公司对债务人破产或死亡，以其破产时的财产或遗产清偿后，仍然不能收回的应收款项；或因债务人逾期未履行其清偿责任，且具有明显特征表明无法收回时经公司管理当局批准确认为坏账损失。

（2）坏账损失的核算方法及坏账准备的计提方法和计提比例。

本公司采用备抵法核算坏账损失，账龄1年以内不计提坏账准备；账龄1~3年计提比例10%;账龄3~5年计提比例50%；账龄5年以上计提比例100%;对于有证据证明确实无法收回的应收款项，采用个别认定法计提

坏账准备。

8. 存货

（1）存货的分类：本公司存货主要包括原材料、库存商品和在产品。

（2）存货的核算方法：原材料、库存商品均采用实际成本法核算；发出时采用月末一次加权平均法。

（3）存货跌价准备的计提方法：采用成本与可变现净值孰低法计价并计提跌价准备。

9. 长期股权投资

（1）长期股权投资的核算方法。

①公司对子公司及对被投资单位无控制、共同控制或重大影响且在活跃市场无公开报价、公允价值无法可靠取得的长期股权投资采用成本法核算；投资收益于被投资单位宣告派发现金股利时确认，该现金股利超出投资日以后累计未分配利润的部分作为投资成本收回。

②公司对被投资单位具有共同控制或重大影响的（通常指占被投资单位有表决权资本总额20%或20%以上，或虽不足20%但有重大影响），采用权益法核算；采用权益法核算时，长期股权投资的初始投资成本大于应享有被投资单位所有者权益份额之间的差额，不调整长期股权投资的账面价值，长期股权投资的初始投资成本小于应享有被投资单位所有者权益份额之间的差额，确认为当期损益。

（2）长期股权投资减值准备。

由于市价持续下跌或被投资单位经营状况恶化等原因导致其可收回金额低于账面价值的，本公司根据实际情况做出估计后按可收回金额低于长期股权投资账面价值的差额，提取长期股权投资减值准备，并计入当期损益。已提取的长期股权投资减值准备不得转回。

10. 固定资产

（1）固定资产标准：本公司的固定资产是指使用期限超过一年，为生产商品、提供劳务、出租或经营管理而持有的单位价值较高的有形资产。

（2）固定资产计价：固定资产以取得时的实际成本为原价入账。

（3）固定资产折旧政策：以年限平均法分类计提折旧。

固定资产在不考虑减值准备的情况下，固定资产的类别、估计的经济使用年限和预计的净残值分别确定折旧年限和年折旧率如下。

············

（4）固定资产减值准备的计提方法：期末对固定资产逐项进行检查，如果由于市价持续下跌、技术陈旧、损坏或长期闲置等原因，导致其可收回金额低于账面价值的差额，提取固定资产减值准备。根据对固定资产的使用情况、技术状况以及为公司带来未来经济利益的情况进行分析，如果固定资产实质上已经发生了减值，则按照估计减值计提减值准备。对存在下列情况之一的固定资产，全额计提减值准备：

①长期闲置不用，在可预见的未来不会再使用，且已无转让价值的；

②由于技术进步原因，已不可使用的固定资产；

③虽可使用，但使用后产生大量不合格品的；

④已遭毁损，不再具有使用价值和转让价值；

⑤其他实质上不能再给企业带来经济利益的固定资产。

对于已全额计提减值准备的固定资产，不再计提折旧。

11. 在建工程

本公司的在建工程按工程项目分别核算，以实际发生的全部支出入账，并在工程达到预定可使用状态时，按工程全部成本结转固定资产。为购建固定资产而借入的专门借款所发生的利息、折价或溢价的摊销、汇兑

差额在为达到预定可使用状态所必要的购建活动开始后至所购建的固定资产达到预定可使用状态所发生的对应资产支出部分计入所购建固定资产的成本，其余部分及所购建的固定资产达到预定可使用状态后计入当期损益。

在建工程减值准备计提方法：公司于期末对在建工程进行全面检查，如果有证据表明在建工程已经发生了减值，则提取在建工程减值准备。

12. 无形资产

本公司的无形资产是指为生产商品、提供劳务、出租或经营管理而持有的没有实物形态的非货币性长期资产。包括专利权、非专利权、商标权、著作权、土地使用权。

无形资产按取得时的实际成本入账。

无形资产从开始使用之日起，在有效使用期限内平均摊入管理费用。无形资产的有效使用期限按照下列原则确定：

法律和合同分别规定有法定有效期限和受益年限的，按照法定有效期限与合同规定的受益年限孰短的原则确定。

法律没有规定有效期限，企业合同中规定有受益年限的，按照合同规定的受益年限确定。

法律和合同均未规定法定有效期限或者受益年限的，按照不超过10年的期限确定。

无形资产减值准备的计提：年末本公司对无形资产按账面价值与可收回金额孰低计量，按单项资产预计可收回金额低于其账面价值的差额，分项提取无形资产减值准备，并计入当期损益。

13. 长期待摊费用

本公司的长期待摊费用是指已经支出，但将于正常生产经营后摊销或摊销期超过一年的各项费用，主要包括租入固定资产装修费用。长期待摊费用均在各项目的预计受益期间内平均摊销，计入各摊销期的损益。

14. 借款费用

本公司借款费用指因借款而发生的利息、折价或溢价的摊销和辅助费用，以及因外币借款而发生的汇兑差额。除为购建固定资产和需要经过相当长时间的生产才能达到销售状态的存货而借入的专门借款和一般借款所发生的借款费用外，其他借款费用均应于发生当期确认为费用，直接计入当期财务费用。

15. 收入确认原则

本公司的商品销售在商品所有权上的主要风险和报酬已转移给买方，本公司不再对该商品实施继续管理权和实际控制权，与交易相关的经济利益很可能流入企业，并且与销售该商品相关的收入和成本能够可靠地计量时，确认营业收入的实现。

本公司提供的劳务在同一会计年度开始并完成的，在劳务已经提供，收到价款或取得收取价款的证据时，确认营业收入的实现；劳务的开始和完成分属不同会计年度的，在劳务合同的总收入、劳务的完成程度能够可靠地确定，与交易相关的价款能够流入，已经发生的成本和为完成劳务将要发生的成本能够可靠地计量时，按完工百分比法确认营业收入的实现；长期合同工程在合同结果已经能够合理地预见时，按结账时已完成工程进度的百分比法确认营业收入的实现。

本公司让渡资产使用权取得的利息收入和使用费收入，在与交易相关的经济利益能够流入企业，且收入的金额能够可靠地计量时，确认收入的实现。

16. 所得税的会计处理方法

本公司所得税的会计核算采用资产负债表债务法，资产负债表是比较各项资产、负债的账面价值和计税基础的差异，分别应纳税暂时性差异和可抵减暂时性差异按照未来差异转回时的适用税率确认递延所得税负债和递延所得税资产，同时确认递延所得税费用。按照税法规定应缴所得税作为当期所得税费用，递延所得税费用和当期所得税费用共同构成利润表上的所得税费用。

本公司所得税分季预缴，在年终汇算清缴时，少缴的所得税税额，在下一年度内缴纳；多缴纳的所得税税额，在下一年度内抵缴。

四、主要税项

…………

五、会计报表项目注释

…………

六、或有事项的说明

本公司无须披露的或有事项。

七、资产负债表日后事项

本公司无须说明的资产负债表日后事项。

八、其他需要说明重要事项

本公司无其他需要说明的重要事项。

【解析】

财务报表附注作为财务报表有机组成的一部分，它对财务报表的分析可以归纳为三个方面，即财务状况分析、盈利能力分析和资产管理效率分析。

可以说，要读懂财务报表附注，实则是了解这三个方面的状况。我们接下来看怎样在财务报表附注中，了解企业的这三个方面。

1.财务状况分析

我们要了解一家企业的财务状况，主要是分析企业在财务弹性上的应对能力。比如说，企业面临突发事件而急需现金，那么企业财务状况是否能够从容面对与解决？在市场经济下，企业几乎无时不处于一种变动着的经济环境中，面临着很多突发状况，在这种情况下，需要企业具备较好的财务弹性。我们在阅读财务报表的附注时，便可以通过这三个方面来了解该企业的财务状况。

（1）是否使用了银行贷款指标。假如企业尚未使用银行贷款指标，那么，当企业遇到突发事件时，资金来源渠道要相对稳定些。也就是说，企业的筹资渠道比较有保障，起码可以从银行贷到款项；如果企业已经使用了银行贷款指标，我们就要查看它在其他方面的变现能力。

（2）能够迅速转化为现金的长期资产的有关状况，可用非经营性资产所占的比重。假如企业可以变现的资产比较充足，那么，企业财务状况显然会好些，应对现金紧缺的能力也会比较强。

（3）企业的长期债务状况。如果企业的负债比较沉重，就会影响企业对现有资产的支配。所以，企业的负债应该合理。

2.盈利能力分析

很多人在阅读财务报表的附注时，重点了解的便是企业的盈利能力，以及对企业未来盈利的判断。所以，报表使用者在阅读财务报表的附注时，应该准确了解企业经营活动的性质、经营活动的财务影响，从而认清企业发展的趋势；通过了解企业的未来发展计划，了解企业生产经营的总目标、影响企业目标的内外部因素和为实现总目标可采取的措施及可能的风险。

3.资产管理效率分析

我们在看财务报表时，会从报表上看到很多数字，如果单纯看这些数

字，可能难以形成系统的认识，当我们再结合财务报表的附注来看时，就会对企业各项资产管理效率高低的内外原因有个比较清晰的认识，也便于报表使用者预测企业未来的资产管理状况。

第 77 问　会计处理方法对利润有什么影响

【案例】

依据新颁布的《企业会计准则》，固定资产的折旧可以采用年限平均法、工作量法、双倍余额递减法和年数总和法等。假设企业有一项固定资产，用以提折旧的金额是 240 万元，使用年限是 5 年。如果按直线法提折旧，每年都提 48 万元；但如果企业采用年数总和法来提折旧，则从第一年起，5 年内各年提折旧的金额分别为：80 万元、64 万元、48 万元、32 万元、16 万元。假设所有的折旧最终都记入了费用，那么在第一年，因为折旧方法由直线法变成年数总和法，利润减少了 32（80 −48 =32）万元。

【解析】

由此可见，同一企业，如果改变了会计处理方法，计算出来的利润表数据就有变化。

附注的第二部分是企业所采用的主要会计处理方法、会计处理方法的变更情况、变更原因，以及对财务状况和经营成果的影响的介绍。

由于根据相同的原始会计资料，使用不同的会计处理方法，就会编制出不同财务数据的会计报表，得出不同的净利润，所以我们必须关注企业当期使用了什么样的会计处理方法，同前期比较，是否变更了会计处理方法，以及会计处理方法及其变更对净利润的影响等。

同一行业不同企业，即使经营状态类似，却由于采用的会计处理方法不一样，得出的财务数据也完全不一样。这样会导致一个企业不同时期或同一个时期的不同企业在收益确定和资产计价等方面产生较大的差别。这就对财务报表使用者阅读和理解财务报表产生不应该有的误导。所以，企业有必要在财务报表附注中披露编制报表所采用的会计处理方法。我们在阅读企业财务报表前，也需要先通过附注资料了解企业采用的会计处理方法。

第 78 问　什么是或有负债

【案例】

2019 年 ABC 公司背书转让了两张应收票据。一张给被背书人 H 公司，票据金额 100 万元，到期日 2020 年 4 月；另一张给被背书人 J 公司，票据金额为 500 万元，到期日为 2000 年 5 月。

ABC 公司因背书转让应收票据而承担了现时义务。因此，2019 年年底，企业应将由此形成的或有负债披露如下。

或有负债。

截至 2019 年 12 月 31 日，本公司背书转让的应收票据金额 600 万元。

【解析】

财务报表附注中披露的或有事项包括未决诉讼与仲裁、为其他单位提供债务担保等事项形成的潜在负担等，这类或有事项在会计准则中被称为或有负债。或有负债一般不会在资产负债表中充分反映，但常常给企业带来巨大的风险隐患，导致很多生产经营上没有严重问题的企业在短期内迅速衰落，乃至倒闭，财务报表使用者必须给予高度关注。

或有负债涉及两类义务：一类是潜在义务；另一类是现时义务。

其中，潜在义务是指结果取决于不确定未来事项的可能义务。也就是说，潜在义务最终是否转变为现时义务，由某些未来不确定事项的发生或不发生才能决定。现时义务是指企业在现行条件下已承担的义务，该现时义务的履行不是很可能导致经济利益流出企业，或者该现时义务的金额不能可靠地计量。例如，甲公司涉及一桩诉讼案，根据以往的审判案例推断，甲公司很可能要败诉。但法院尚未判决，甲公司无法根据经验判断未来将要承担多少赔偿金额，因此该现时义务的金额不能可靠地计量，该诉讼案件即形成一项甲公司的或有负债。

履行或有事项相关义务导致经济利益流出的可能性，通常按照一定的概率区间加以判断。一般情况下，发生的概率分为以下几个层次：基本确定、很可能、可能、极小可能。

"基本确定"，是指发生的可能性大于95%但小于100%；

"很可能"，是指发生的可能性大于50%但小于或等于95%；

"可能"，是指发生的可能性大于5%但小于或等于50%；

"极小可能"，是指发生的可能性大于0但小于或等于5%。

第 79 问 什么是重大承诺

【案例】

海航控股 2018 年财务报告披露，截至 2018 年 12 月 31 日，公司已签订的不可撤销的经营性租赁合同未来应付租金至少为 963 亿元，对外提供财务担保余额为 139 亿元。这些付款承诺与财务担保给海航控股带来了巨大的资金压力。

【解析】

重大承诺是指企业约定的资本性支出与采购支出，不可撤销的房屋、设备经营租赁支出，以及收购其他企业股权支出等。这些未来的硬性支出对企业的资金形成了一定的压力。对外担保属于企业风险隐患，当被担保方无法正常履约时，担保方需要承担相应的付款履约义务。

第 80 问 什么是资产负债表日后事项

【案例】

华能国际电力股份有限公司（以下简称"华能国际"）2018 年度财务报告中的财务报表附注部分披露了三项资产负债表日后事项。一是利润分

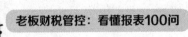

配情况：经公司董事会审议批准，公司拟分配现金股利 1 569 809 336 元。二是对外担保情况：2018 年 9 月 28 日，华能集团与中国工商银行签署了保证合同，为香港能源之子公司如意巴基斯坦能源提供 1 亿美元流动资金贷款担保（于 2018 年 12 月 31 日提款金额为 0.9 亿美元）。2019 年 1 月 30 日，公司临时股东大会审议并批准由山东发电承接华能集团在保证合同下的义务。山东发电于 2019 年 3 月 6 日向中国工商银行签署确认函，确认正式承接华能集团在保证合同下的义务。三是债券发行情况：公司于 2019 年 3 月完成了 2019 年度第一期超短期融资券的发行。本期债券发行额为 20 亿元，期限为 90 天，单位面值为 100 元，发行利率为 2.40%。

【解析】

资产负债表日后事项是指资产负债表日（国内一般是 12 月 31 日）与财务报告批准报出日之间发生的需要调整或说明的交易或事项。资产负债表日后事项通常对财务报表使用者具有重大影响，具体又分为资产负债表日后调整事项和资产负债表日后非调整事项两类。

资产负债表日后调整事项主要包括销售退回、此前的诉讼案件结案、取得确凿证据表明资产在资产负债表日发生减值或需要调整减值准备等。这些事项影响未报出财务报表的实际结果，需要调整财务报表数据。

资产负债表日后非调整事项主要包括利润分配情况说明，资产负债表日之后发生重大诉讼、仲裁、承诺，资产的市场价格、税收政策、外汇汇率等外部环境发生重大变化，发行股票或债券及其他大额负债，因自然灾害导致资产发生重大损失等。这些事项虽然对财务报表使用者了解和把握企业现状非常重要，但并不影响上年度财务报表，因此不需要调整财务报表结果，只需要在财务报表附注中对外披露即可。

第 81 问 子公司对总利润有影响吗

【案例】

曾有一家资产过亿、员工超 6 000 名的老国有企业（称为 A 公司），多年来一直亏损，持续经营无望，经破产清算后将其中的少部分良性资产整合，成立了新的股份有限公司（称为 a 公司），任命了新的老总。此后 3 年，a 公司对外报出的报表显示，该公司连续 3 年盈利超过 1 000 万元。于是在破产清算中买断工龄的大批员工就感叹了："看看吧，企业还是生产那些东西，并没有特殊的技术革新，留下来的 300 人也还是那些人，可企业却能盈利，这新老总真不是一般人啊！"

为什么只要重组企业就能盈利呢？难道真的只要"股份"，企业就能盘活？或者真的是这个新老总是个能人？

带着这样的疑问，我们详细阅读了 a 公司报表及附注，看完后忍不住哑然失笑：a 公司完全没有改变 A 公司经营不善的本质，企业之所以盈利，就是因为在破产清算时"算"上了一笔好投资。原来，A 公司在多年前慧眼投资了一个台资机械类合资公司，其占该合资公司 40% 的股份。A 公司破产时，做出的最英明决策就是保留企业在这个台资企业的股份份额不变。当然，A 公司破产了，它所占的股份理所当然地转到了新成立的股份公司 a 公司名下。随着这个合资企业的不断兴起，在最近三年里，其净利润每年接近 5 000 万元，而 a 公司作为它的"继"母公司，自然而然地分得 40% 的利润，这就是 a 公司什么也不做，利润表上也可直接增加 2 000 万元收益的原因。

当资产过亿并巨额亏损的 A 公司分得 2 000 万元利润时，它还是亏损，而当甩掉包袱的 a 公司拥有 2 000 万元"外来"利润时，它的合并后报表出现 1 000 万元的盈利就再正常不过了。只可惜破产清算中买断工龄的大批员工并不知道利润表中还有这样的秘密，也没有想到新老总所有的业绩完全是"移花接木"。

【解析】

由此我们不难看出，分析企业所属子公司的盈利对整个企业利润的影响，是评价一个企业经营好坏的重要方面。

附注的第三部分是控股子公司及关联企业的基本情况介绍。随着世界经济一体化的发展，"规模化""多元化"集团公司的运行模式在全球范围内越来越盛行，一家大公司可能经营多个主业，一个母公司可能有多家子公司。企业与企业之前的关联也越来越密切。各家子公司对总公司的利润贡献是不同的，对总公司盈利能力的影响也是不同的。分析一个企业的子公司和关联企业的基本情况，并关注其相互之间在财务数据上的关联，可以帮助我们确认一个企业经营活动和盈利能力的本质。

第 82 问　附注其他重要事项的说明包括什么

【案例】

一家海鲜代理企业，在 2018 年期末与某渔场签订了购买大批鲍鱼的采购合同，以一定的价格收购该渔场来年春天的鲍鱼，如果违约，需要支付巨额违约金。这样的采购合同风险很大，我们看到附注中有这样的信息时，就需要进一步关注该企业目前的市场占有情况，确认其是否有固定的客户群，这些客户目前经营状态如何，现金流如何等，这些都是附注能使我们去进一步了解的信息。

【解析】

附注列示了企业关于承诺事项的明细资料、或有事项的明细资料、资产负债表日后事项中的非调整金额，以及其他重要事项的说明。这些重要事项的说明可能成为辨别企业会计报表反映其财务状况、经营成果和现金流量情况真实程度的重要线索。针对这些事项，我们需要关注如下问题。

1.关注承诺或担保事项的说明

所谓承诺或担保事项，是指资产负债表日已经存在，企业正在履行或准备履行的具有法律效力的重要财务承诺。例如，投资合同、成套设备等重要物资采购合同、发包工程合同、租赁合同以及对外提供的各种担保和抵押等。这些事项有时候能直接影响企业的生存。

2.关注或有事项的披露

所谓或有事项，是指报表日已经存在但有较大的不确定性，其最终的结果有赖于未来的各种因素决定的事项。如未决诉讼、已贴现票据可能发生追索、为其他企业的贷款担保等。

这些可能导致企业发生损失或收益的不确定的状况或情形，其最终结果只有在未来发生或不发生某个事件时，才能得到证实。那么这样的事项对报表使用者有什么用呢？这就好比企业拿一个写"小心地雷"的小红旗，插在有地雷的地上，当插上小红旗以后，如果还有人踩到了地雷，那就是自愿的；有地雷却没插上小红旗，导致别人踩到了地雷，那么财务报告人就负有不可推卸的责任了。

3. 关注资产负债表日后非调整事项

所谓资产负债表日后非调整事项，是指在资产负债日后才发生或存在的事项，它不影响资产负债表日的存在状况，不需对资产负债表日编制的会计报表进行调整，但由于事项重大，如不加以说明，会影响会计报表使用者对会计报表的理解，进而将影响报表使用者的决策。

4. 关注重要资产转让及其出售情况

针对重要资产转让及其出售等情况，企业也应该在附注中作适当披露。例如，阅读附注可知，企业将非常重要的某一生产线整体转让给了其他企业。报表使用者获知这一信息后，应考察其转让或出售的原因、资产转让或出售价格、该资产的公允价值，以及企业如何做后续补充来满足生产需求等。

5. 关注重大投资和融资活动的说明

针对重大投资和融资活动，企业也应该在附注中明确说明。

总之，阅读财务报表的同时，结合财务报表附注来全面地分析财务数据，可以提高报表信息的可比性、相关性和可理解性。

第 83 问 财务报表附注与财务情况说明书有什么区别

【案例】

财 务 情 况 说 明 书

（范文）

北京 ×××× 有限责任公司是国有企业，增值税一般纳税人。主要产品有：A产品、B产品和C产品。开户银行是工行合肥市大钟楼支行。公司法人代表刘伟。

一、公司生产经营情况说明

本公司有两个基本生产车间：一车间和二车间。一车间生产A产品，二车间生产B产品和C产品，各种产品所耗原材料均为开工时一次投入，单步骤大量生产各主要产品。本年12月A产品完工50箱，B产品完工45箱。销售A产品100箱，B产品200箱，全年累计实现利润总额120.84万元。

二、利润分配及资金变动情况

公司2020年度实现营业收入452.69万元，营业成本194.46万元，营业税金及附加为3.56万元，销售费为33.90万元，管理费用86.80万元，财务费用1.90万元，资产减值损失为15.80万元，公允价值变动损溢为2.00万元，投资收益为4.28万元，营业利润总额122.50元，营业外收入为0.60万元，营业外支出为2.25万元，缴纳所得税29.10万元后净利润为91.70万元。

公司期初的实收资本为320万元，其中国家资本224万元，D公司法人资本金960万元；期末增加资本金450万元，是C公司以固定资产对本公司的投资。年末提取盈余公积9.30万元，分配给投资者利润24.80万元，年末未分配利润65.7万元，2020年年末所有者权益为479.7万元。

三、反映公司经营情况的重要财务指标

1.资产负债率指标

期初总资产为590.80万元，总负债为137.77万元，资产负债率为23%；期末企业总资产为792.1万元，总负债为317.6万元，资产负债率为40%。资产负债比率较期初有较大的提高，表明公司长期偿债能力有

所下降，但公司利用债权人提供资金进行生产经营活动的能力有了较大的提高。

2. 流动比率指标

期初公司流动资产 360.00 万元，流动负债 57.77 万元，流动比率为 6.20，期末流动资产 432.60 万元，流动负债 137.00 万元，流动比率为 3.1。公司流动比率较高，短期偿债能力较强，但是企业持有的闲置现金数额较大，从而影响企业资金的有效利用，降低了企业的盈利能力。

3. 应收账款周转率指标

本期公司营业收入为 452.69 万元，应收账款平均余额 35.62 万元，周转率为 12.7 次。公司应收账款周转率较好，公司的应收账款的运营效率尚可。

4. 存货周转率指标

本期企业销货成本 194.40 万元，平均存货 153.60 万元，存货周转率 1.3 次。公司的存货周转率不是很高，与行业水平有一定差距，说明存货资产的营运能力较低。

5. 营业利润率

公司该年度利润总额为 122.20 万元，营业收入为 456.29 万元，营业收入利润率是 27 %。该指标越高，反映企业销售收益水平越高，获利能力越强。

6. 资本收益率

我厂年度净利润为 91.70 万元，资本金平均额为 342.50 万元，资本金利润率为 26 %，资本金利润率越高，表明公司权益资本的获利能力较强。

四、对本期财务状况发生重大影响的事项说明

固定资产增加对财务状况发生的影响。二车间购入设备一台，总造价

是 84.43 万元。新设备的投入必将增加二车间 B 产品的生产能力，同时应做好生产资金的准备和增加销售的市场开拓。

新建三车间借款 100 万元对财务状况发生的影响。2020 年 12 月 26 日，公司向建行城南分行借入五年期借款 100 万元，利率 6%。借款的增加，导致未来五年中每年的财务费用要增加 6 万元。为确保按期还本付息，减少财务风险，应尽早开工建设，早日投产使用，为公司创造经济效益。

本期产品成本有大幅度上升。期初 A 产品单位成本 2 000 元 / 箱，B 产品单位成本为 1 000 元 / 箱。本期完工产品 A 产品单位成本为 2 263 元 / 箱，B 产品完工产品单位成本为 1 289 元 / 箱。比期初 A 产品单位成本上升了 263 元 / 箱，上升 13.5%；B 产品单位成本上升了 289 元 / 箱，上升 28.9%。由于产品成本价格的上升，必然会削弱产品在市场上的竞争力。因此，公司务必采取多种措施，努力降低产品成本，提高市场竞争力，加快公司发展脚步。

北京 ×××× 有限责任公司财务科 ×××

2021 年 1 月 20 日

【解析】

新准则颁布以前，财务情况说明书一直是我国财务报告体系的主要角色，它是企业财务会计报告的重要组成部分，为企业内部和外部了解、观察、衡量、考核、评价其报告期内的经营业绩和生产经营状况提供重要依据。

财务情况说明书作为报表编制人对企业财务状况简明扼要的说明，通常包括以下几个方面。

1.企业生产经营的基本情况

把企业的经营情况做一下解释，包括主营业务范围及经营情况；按销

售额排名时，企业在本行业的地位；主要商品占销售市场的百分比；企业员工数量和专业素质及培养提高的目标；经营中出现的问题与困难以及解决方案；公司经营环境情况，如采购环境、生产环境和销售环境的变化；新年度的业务发展计划，如生产经营的总目标及措施、配套资金的筹措计划、新产品的开发计划等。

2. 企业利润实现和分配情况

旧的财务报告体系中的利润和利润分配表，虽然对利润的实现情况都有详细列示，但可能还是有人看不懂表而愿意看财务情况说明书，因此需要报表编制人把本年度企业盈利情况和利润分配情况简单做一下说明。

3. 企业资金的增减和周转状况

这部分一般需要说明的内容有：本年度内企业各项资产、负债、所有者权益、利润构成等项目的增减情况及其原因；存货、应收账款、流动资产、总资产等的周转率等。

4. 企业资产质量的简要分析

这部分主要涉及一些简单的财务分析，如应收账款账龄分析、投资收益分析等。

5. 企业的重要财务事项

具体内容有：本期企业发生的重大资产损失、对外提供担保、涉及未决诉讼和仲裁、财产抵押、超过授权经营范围的风险性业务等。

6. 其他

如企业境外子企业驻在国（地区）的税收政策及纳税调整情况，以及对企业财务状况、经营成果和现金流量有重大影响的其他事项和需要说明或反映的其他事项等。

由此可见，财务情况说明书实际上就是用简明扼要的语言，把企业基本的财务情况做一个简单说明。

　　财务情况说明书在信息披露方面方式灵活多样，内容生动广泛，和报表附注有很多相似的地方，具体表现在：

　　（1）它们都不仅可以披露会计信息，而且还可以披露与企业会计信息密切相关的非会计信息，如企业经营的行业，主要业务范围等。

　　（2）它们都能做适量的分析，如都有其他重要事项的说明，这样能分析企业过去、预测将来。弥补了财务报表只能反映过去"既成事实"的缺点。

　　（3）它们的披露方式都较为灵活，受既定会计原则限制较少，因此披露的信息范围远比财务报表披露的信息广泛。

　　虽然财务情况说明书和财务报表附注都是企业财务信息披露的重要方式和了解企业财务信息的重要途径，但是两者各有偏重，财务报表附注以对企业资产负债表和利润表情况的说明为根本，不牵扯其他，其"中心思想"非常明确；而财务情况说明书更像是对整个财务报表的分析。

　　旧企业会计准则关于报表的内容包括了资产负债表、利润表、财务状况变动表（或者现金流量表）、附表及会计报表附注和财务情况说明书，而新准则调整为：财务报告体系至少应包括资产负债表、利润表、现金流量表、所有者权益变动表等报表及附注。

　　取消了财务情况说明书，最根本的原因是财务情况说明书更多涉及了企业生产经营基本情况和财务分析的内容，没有完全围绕"财务信息"，很多项目不能通过会计准则来规范。

第 84 问 财务报表附注的局限性有什么

【案例】

企业以前以 600 万元购买的固定资产，现在的重置成本可能变为 800 万元，但账面上反映的仍是 600 万元。这时，我们若不知道该项资产是哪年购买的，那么仅靠这个数据，便难以真正理解这家企业的生产规模。所以，我们在阅读财务报表的附注时，还应该看到里面是否考虑了通货膨胀的因素。

【解析】

我们已经知道，附注对财务报表有重要的作用，对完整呈现财务报表信息是非常有必要的。然而，财务报表附注在具体使用中，存在一些局限性，若不能有效规避，甚至会对报表使用者产生误导的负面影响。所以，我们接下来看财务报表附注有哪些局限性，以及怎样规避这些局限性。

1. 会计处理方法及分析方法对报表可比性的影响

在会计核算上，采用不同的处理方法，产生的数据也会有所差别。举例来说，我们在对固定资产折旧额进行计算时，采用直线折旧法或加速折旧法，计算出的折旧费用会不同；企业在进行长期投资时，选择采用成本法或权益法，所确认的投资收益也会不一样。因此，我们在读财务报表的附注时，一定要了解企业是采用什么样的会计处理方法来核算的，还要了解这些方法以后有无变更。

另外，在对财务报表中的指标进行分析时，要了解这些指标的计算方法。比如，应收账款周转率、存货周转率等，这些数据一般用年初数与年末数进行平均；可在实际分析中，对一些淡旺季明显的企业，我们还要考虑其计算时间，假如会计统计的期初与期末均是经营旺季，那么平均数可能会过大；若会计统计的期初与期末均是经营淡季，平均数可能又会过小。因此，在附注中，一定要查看报表信息的细节。

2. 通货膨胀的影响

财务报表中，数据一般都是按照历史成本原则生成的。假如在通货膨胀时期，相关数据受到物价变动的影响，可能难以真实反映企业的财务状况和经营成果，并引起报表使用者的误解。

3. 信息的时效性问题

财务报表中的数据，一般都是企业在过去经营中形成的。而财务报表的附注，一般都是根据这些数据作出的相关分析与预测；假如这里面有些数据的时效性已经大大减弱，那么由这些数据所得出的分析结果，势必也会大打折扣。因此，我们在读附注时，要看到那些所分析的数据是否还具备时效性。

4. 报表数据信息量的限制

由于报表本身的原因，使得报表中的数据是有限的。这样的话，附注中所补充的信息，其数据来源有可能是报表以外的，在这时我们要了解这些数据来源是否真实可靠。

有的时候，为了避免财务报表附注的局限性，报表使用者还需要参考阅读注册会计师"审计报告"的意见，从而对企业报表数据是否真实、可靠、可验证等方面进行评价。

第七章

财务报表分析
——准确判断企业财务状况

　　要读懂财务报表，通过财务报表了解企业的财务状况、经营成果和现金流量，只认识这些表还不够，还必须对财务报表进行分析。这就好比飞机驾驶员，仅仅知道驾驶舱内仪表上各项数字的含义是不够的，还必须清楚各项数字之间的关系，清楚各个指标在什么范围内是正常的，在什么范围是异常的，进而作出调整飞行的决策。投资和经营企业也一样，通过对企业报表中各个数字之间的比例、趋势分析得出企业财务状况的判断，能帮助我们作出正确的决策。

第 85 问　什么是杜邦综合分析法

【案例】

表6　远方公司2018~2019年度财务数据与比例

编制单位：远方公司　　　　　　　　　　　　　　　　　　单位：万元

项目	2018 年	2019 年
一、基本财务数据		
净利润	102.84	126.53
销售收入	4 112.24	7 576.13
资产总额	3 062.00	3 305.80
负债总额	2 056.77	2 156.60
全部成本	4 039.67	7 367.47
二、财务比率		
净资产收益率	0.10	0.11
资产净利率	0.03	0.04
资产负债率	0.67	0.65
权益乘数	3.05	2.88
销售净利率	0.03	0.02
总资产周转率	1.34	2.09

　　通过上面的图表可知，远方公司净资产收益率的改变，是由于资本结构的改变，即权益乘数下降，由原先的 3.05 降为 2.88;同时，资产净利率和成本控制也出现变动，最终使得净资产收益率变动。

【解析】

　　在财务综合分析中，杜邦分析法是比较常见的一种财务分析方法。它利用几种主要的财务比率（如利润率、总资产周转率等）之间的关系，来综合分析企业的财务状况，尤其是可以评价公司赢利能力和股东权益回报水平，长期以来一直是从财务角度评价企业绩效的一种经典方法。该分析方法最早由美国杜邦公司使用，所以称为杜邦分析法。

杜邦分析法有助于企业管理层更加清晰地看到权益资本收益率的决定因素，以及这些因素之间的相互关系，从而使企业管理者更加清晰地了解资产管理效率，以及是否将股东投资回报进行了最大化。

我们在利用杜邦分析法进行财务分析时，一般采取以下步骤。

首先，从净资产收益率开始，根据相应会计资料，主要是资产负债表和利润表，来逐步分解计算各指标。

其次，将计算出的指标依次填入杜邦分析图。

最后，对于企业不同时期的会计报表数字，进行前后期纵向动态对比，还可以根据不同企业的财务报表数字进行横向对比，了解企业在行业中的排名位置。

第 86 问　什么是沃尔综合评分法

【案例】

表7　龙凤公司2019年度沃尔综合评分分析

财务比率	比重	标准比率	实际比率	相对比率	综合系数
流动比率	25	1.09	1.18	1.08	26.99
产权比率	25	1.50	0.72	0.48	11.96
固定资产比率	15	2.50	8.68	3.47	52.10

财务比率	比重	标准比率	实际比率	相对比率	综合系数
存货周转率	10	6.40	13.25	2.07	20.70
应收账款周转率	10	12.30	38.36	3.12	31.19
固定资产周转率	10	4	12.18	3.05	30.45
自有资金周转率	5	3	3.25	1.08	5.42
合计	100				178.81

【解析】

沃尔是一位著名的美国经济学家，他在1928年出版的《信用晴雨表研究》和《财务报表比率分析》中，提出了信用能力指数的概念，还选择了7个财务比率，并给定这些财务比率指标的比重，并以行业平均数为基础，确定了相应的标准比率，然后将实际比率与标准比率相比，得出相对比率，将此相对比率与各指标比重相乘，便得出了总评分。

这7个财务比率分别是流动比率、产权比率、固定资产比率、存货周转率、应收账款周转率、固定资产周转率和自有资金周转率。在这些比率的基础上，沃尔提出了一套完整的综合比率评价体系，把若干个财务比率用线性关系结合起来，以此来评价企业的财务状况。于是，人们逐渐把沃尔提出的这种分析方法称为"沃尔综合评分法"，也称为"沃尔评分法"。

由此可见，沃尔评分法是将选定的财务比率用线性关系结合起来，并分别给定各自的分数比重，然后通过与标准比率进行比较，确定各项指标的得分及总体指标的累计分数，从而对企业的信用水平做出评价的方法。我们在运用沃尔评分法时，一般会依据如下步骤进行。

1. 选择评价指标并分配指标权重

一般情况下，我们通过对一家企业的财务报表进行分析，主要需了解它的这些经营状况：盈利能力、偿债能力、发展能力等。

根据前面所述，我们已经知道，企业盈利能力的指标主要有资产净利率、销售净利率、净值报酬率；企业偿债能力的指标主要有自有资本比率、流动比率、应收账款周转率、存货周转率；企业发展能力的指标主要有销售增长率、净利增长率、资产增长率。

在进行评分的时候，我们按照它们的重要程度确定各项比率指标的评分值，拟定总评分值为100，重要性高的指标，其分值相应的也会高。在分值分配上，企业的盈利能力、偿债能力与发展能力之间约为 5：3：2；其中，盈利能力的3个指标间的比例约为 2：2：1，偿债能力和发展能力中的各项具体指标的重要性大体相当。

2.确定各项比率指标的标准值

也就是说，确定各该指标在企业现时条件下的最优值。

3.计算企业在一定时期内各项比率指标的实际值

根据前面章节的学习，我们已经知道各比率指标的计算公式，如下所示

（1）盈利能力各项指标计算公式。

①资产净利率＝净利润／资产总额 ×100%

②销售净利率＝（净利润／销售收入）×100%

③净值报酬率＝（净利润／净资产）×100%

（2）偿债能力各项指标计算公式。

①自有资本比率＝（净资产／资产总额）×100%

②流动比率＝（流动资产／流动负债）

③应收账款周转率＝赊销净额／平均应收账款余额

④存货周转率＝产品销售成本／平均存货成本

（3）发展能力各项指标计算公式。

①销售增长率＝（销售增长额／基期销售额）×100%

②净利增长率 =（净利增加额 / 基期净利）× 100%

③资产增长率 =（资产增加额 / 基期资产总额）× 100%

4. 形成评价结果

在这里，我们需要用到一个沃尔比重评分法的计算公式

实际分数 = 实际值 ÷ 标准值 × 权重

当"实际值 > 标准值"时，此公式正确；若当"实际值 < 标准值"时，意味着实际值越小得分应越高，那么用上面公式计算出的结果就会恰恰相反。当然，当某一单项指标的实际值畸高时，会导致最后的总分大幅度增加，这种掩盖情况不良的指标，往往会给管理者造成一种假象。

另外，沃尔评分法所得到的综合得分会有如下计算公式。

综合得分 = 评分值 × 关系比率

总体来说，沃尔评分法最主要的贡献，就是将互不关联的财务指标按照权重予以综合联动，从而使得对一家企业的财务状况进行综合评价成为可能。当然，正像我们上面所提到的，沃尔评分法从技术上来说也存在一个问题，那就是当一个指标严重异常时，会对总评分产生不合逻辑的影响。这主要是由财务比率与其比重相"乘"引起的。比如说，财务比率提高一倍，评分就会增加 100%；而缩小一半，其评分却只减少 50%。

为了规避这种不足，人们对沃尔评分法进行了改进，包括将财务比率的标准值由企业最优值调整为本行业平均值，并且设定评分值的上限（正常值的 1.5 倍）和下限（正常值的一半）。在对沃尔评分法进行了改进后，其对应的计算公式为

综合得分 = 评分值 + 调整分

调整分 =（实际比率 – 标准比率）– 每分比率

每分比率 =（行业最高比率 – 标准比率）–（最高评分 – 评分值）

176

第 87 问 什么是净资产收益率

【案例】

最近几年，很多白酒企业逐渐走出行业低谷，利润连年增长，净资产收益率在沪深两市居前。贵州茅台与五粮液两家国内白酒企业 2018 年的加权平均净资产收益率分别为 34.5% 和 22.8%，贵州茅台连续多年超过 24% 的加权平均净资产收益率在中外企业中并不多见。

其实，两家白酒企业的潜在净资产收益率并不仅限于此，还有更大的潜力可以进一步挖掘，尤其是在减少净资产占用方面。两家白酒企业账面上存放着大量货币资金——这部分资金主要是以存款的形式存在银行。贵州茅台的货币资金占总资产的比重连续三年超过 50%，2018 年更是超过总资产的 70%；五粮液的货币资金占总资产的比重也连续四年超过 50%。

综合考虑期初、期末的货币资金状况，2018 年贵州茅台全年货币资金平均余额差不多维持在 1 000 亿元，当年取得利息收入 35.7 亿元，收益率不到 4%。持有如此之多的货币资金，对于白酒企业来说是一种资源闲置，对于社会整体来讲也是一种资源错配。

两家白酒企业不需要做其他复杂工作，只要将闲置的资金以现金股利或股票回购的方式分配给股东即可减少对股东资源的占用，降低净资产平均余额，短期内就可以实现净资产收益率的大幅提升。

【解析】

净资产收益率又称所有者权益报酬率或股东权益收益率，是企业一定时期内净利润与平均净资产的比率。该指标用来衡量企业所有者权益获得报酬的水平。其计算公式为：

净资产收益率 = （净利润 ÷ 所有者权益平均值）× 100%

通过对净资产收益率的分析，报表使用者可以实现：

（1）判定企业的投资效益，准确地说，是判断企业所有者所有的钱生钱的能力；

（2）能够通过这一指标判断管理者管理企业水平的高低，投资者要考核管理者的工作绩效，仅仅有利润的绝对额还不够，还要考虑其是用多少权益资金获得的利润；

（3）这一指标可以作为所有者考核自己投入企业资本的保值增值程度的基本依据。

总之，净资产收益率考核的是投资者是否获得了足够多的投资回报。

第 88 问　什么是利润表同型分析

【案例】

中国神华与中煤能源是国内煤炭生产行业中最大的两家企业，2018 年两家公司完成的煤炭销售量分别是 4.61 亿吨和 1.56 亿吨，营业收入分别为 2 641 亿元和 1 041 亿元，资产总额分别为 5 872 亿元和 2 647 亿元。不过，两家公司经营范围存在差异，除煤炭生产业务之外，中国神华还经营发电、运输（铁路与航运）及煤化工等业务，中煤能源也经营煤化工和煤矿装备业务。

通过对中国神华与中煤能源两家公司的利润表进行同型分析可以发现，两家公司的销售费用及其占营业收入的比例存在巨大的反差：中煤能源的商品煤产量、营业收入总额、资产规模都不及中国神华，但每年的销售费用规模为中国神华的 15 倍左右，占当年营业收入的 10%～15%，而中国神华的销售费用占当年营业收入的比例仅为 0.3% 左右。

中煤能源的财务报表附注显示，公司的销售费用主要为煤炭的运输费及港杂费，2018 年这两项费用共计 99 亿元，占公司销售费用的 94%。而中国神华由于实施"煤电路港航"一体化发展战略，除煤炭生产业务之外，铁路、港口、航运也属于公司的主营业务，因此公司运输费用计入了营业成本（2018 年营业成本中包含 218 亿元的铁路、港口、航运等运输费）。从这个意义上讲，两家公司利润表中的营业成本与销售费用数据不具有可比性。

由此可以看出，企业经营范围的差别对财务报表的影响是巨大的，很多看似可比的财务数据其实并不可比，分析人员对不同企业的财务数据进行横向比较分析时需要十分谨慎。

【解析】

利润表同型分析是将企业的营业收入作为 100%，用利润表中的各个项目除以营业收入得到各自所占的比例，分析这些比例及其变化，进而推断企业的经营管理状况。利润表同型分析应该重点关注利润表中营业利润之前与企业经营管理活动密切相关的项目占营业收入的比例。例如，营业成本占营业收入的比例（称为营业成本率）、管理费用占营业收入的比例（称为管理费用率）等。至于投资收益、公允价值变动收益、资产减值损失、营业外收入与支出等项目，与营业收入之间通常没有直接的必然联系，因此对这些项目进行同型分析无法得出有价值的结论。由于成本、费用项目除以营业收入之后在一定程度上剔除了企业规模因素的影响，因此同型分析有助于对不同规模企业的财务数据进行比较分析。

第 89 问　什么是生命周期理论

【案例】

QH 公司的主营业务包括计算机硬件的制造和销售，网络、软件、系统集成与信息服务，能源与环境工程及设备，精细化工及制药等。信息技术业 2015—2020 年收入占比处于 61%~81%，毛利占比处于 50%~70%；能源业同期收入占比处于 18%~26%，毛利占比处于 27%~36%。显然后者的盈利能力强于前者，即 QH 公司的利润增长点主要在第二类业务即能源与环境工程与设备上。但这两类主营业务中以信息业占更主要地位，而信息业中又以网络、软件、系统集成与信息服务占绝对主要地位。所以从根本上看，QH 公司的生命周期主要由第一类业务中的第二类服务的生命周期来决定。第一类业务的增长趋势和主营业务收入总额的增长趋势高度一致，都是在 2015—2016 年高速成长，属于成长期；2018 年增长放缓，属于成熟期；2019—2020 年又有所恢复，重新进入成长期。能源与环境工程与设备业 2015—2016 年高速成长，属于成长期；2017—2018 年放缓，属于成熟期；2019—2020 年又有所恢复，又重新进入高速成长期。由此可见，QH 公司最终的周期规律如下：2015—2020 年处于高速成长期，2018

年属于成熟期，2019—2020 年又重新进入成长期。

【解析】

生命周期理论是分析企业现金流量的重要工具。该理论认为，如同每个自然人要经历一个"出生～成长～成熟～衰亡"的生命周期一样，每个行业、每家企业乃至每种产品或服务，从出现到衰亡通常也要经历四个发展阶段，即投入阶段、成长阶段、成熟阶段及衰退阶段。在生命周期的不同阶段，企业经营活动、投资活动及筹资活动产生的现金流量会呈现出不同的特征。

在产品或服务的投入阶段，企业常常需要大量资金用于购买机器设备、采购原材料、支付员工工资、开展广告宣传。由于产品或服务尚未得到客户与供应商的广泛认可，运营过程中资金占用较多、周转较慢，企业面临较大的经营风险和财务风险。处于这一阶段的企业主要财务特征表现为：营业收入较少，成本费用开支较大，常常亏损经营；经营活动产生的现金流量入不敷出；投资活动现金流出巨大；企业主要靠筹资活动取得的现金维持日常运转。简单地看，初创企业实现盈利往往是投入阶段结束的重要标志。

在产品或服务的成长阶段，产品或服务得到市场的广泛认可，市场占有率迅速提升，企业营业收入的增加与应付款项的增长，使经营活动现金流量大为改观。处于这一阶段的企业主要财务特征表现为：营业收入快速增长，利润大幅提升；经营活动产生的现金流量逐渐接近收支平衡，但经营活动现金净流入量并不十分宽裕；投资活动产生的现金流出呈减缓趋势；对筹资活动产生的现金流入的依赖性大为降低。成长型企业一旦开始大规模分配现金股利，就意味着已经进入成熟阶段。

在产品或服务的成熟阶段，市场容量日趋饱和，资本性支出迅速下

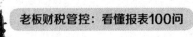

降，企业利用剩余资金偿还银行借款，加大现金股利派发力度或股票回购规模，将剩余资金回馈给股东。这一阶段的企业主要财务特征表现为：营业收入与利润保持稳定；经营活动产生的现金流量十分充裕；投资活动产生的现金流出较为有限；筹资活动产生的现金流量持续为负——现金主要用于还本付息、分配股利及回购股票。在发达经济体从事电力、汽车、食品、饮料等业务的企业目前基本属于成熟型企业。

当产品或服务处于衰退阶段，面临被淘汰或替代的局面时，企业经营风险和财务风险快速增加。这一阶段的企业主要财务特征表现为：销售萎缩，开始出现亏损；经营活动产生的现金流量急剧下降；企业有时会出售长期资产退出相关产业，由此导致投资活动出现现金流入。

第 90 问　什么是成本领先战略分析

【案例】

小米是成本领先战略的典型代表。首先，小米将重心放在软件研发上，将硬件生产全部外包，降低了建立工厂生产的成本。其次，小米的营销和销售渠道，主要都是通过网络，和传统手机通过实体经销商销售相比，减少了营销成本和各级经销商的加价。通过以上这些途径，小米使成本低于竞争对手，从而获得竞争优势。而且，在降低成本的同时，小米团队也没有放弃软件和硬件的质量，这使得它最终能以成本领先战略，在手机行业里占得一席之地。

【解析】

成本领先战略是指企业通过有效的途径降低经营过程中的成本，使企业以较低的总成本赢得竞争优势的战略。

成本依靠者的竞争优势基础是总成本比竞争对手要低。成本领先战略要使企业的某项业务成本最低，这是因为任何一种战略之中都应当包含成本控制的内容，它是管理的任务，但并不是每种战略都要追求成为同行业的成本最低者。

按照波特的思想，成本领先战略应该体现为相对于对手而言的低价格，但这并不意味着仅仅获得短期成本优势或仅仅是削减成本，而是一个"可控制成本领先"的概念。此战略成功的关键在于在满足顾客认为最重要的产品特征与服务的前提下，实现相对于竞争对手的可持续性成本优势。换言之，实施低成本战略的企业必须找出成本优势的持续性来源，能够形成防止竞争对手模仿优势的障碍，这种低成本优势才长久。

第 91 问　什么是差异化战略分析

【案例】

以下资料来自贵州茅台和顺鑫农业 2019 年年报中的相关信息，由于牛栏山二锅头是顺鑫农业的子公司，我们无法单独获取牛栏山二锅头的相关财务数据，因此，本书并未直接对这两家公司的财务指标予以计算分析。

2020 年以来，白酒行业纷纷迎来了涨价潮，其中茅台旗下酱香酒系列产品涨势最猛，尤其是茅台迎宾酒、遵义 1935 等，与此同时，白酒企业的股价也是水涨船高。从白酒企业的业绩来看，除了茅台和五粮液这两个领军者遥遥领先之外，后面的酒企排序显得异常的胶着。出人意料的是，在前十名的酒企业绩名单里出现了一个谁都没有预料到的名字——顺鑫农业，它其实是牛栏山二锅头的母公司，旗下还经营生猪养殖、屠宰等业务，如果扣除生猪养殖、屠宰等业务获取的收入，顺鑫农业白酒方面的收入依然可以在酒企的业绩中排在第 6 位左右。

在酒企不断追求产品高端化，以及茅台、五粮液、郎酒等均在不断涨价的今天，一家以低端酒为核心产品的酒企，居然能排在全国上市酒企市值最起码前六的位置，这不禁让我们想要研究一下它们在经营竞争战略上的差异问题。

从出厂价 1 000 元左右涨到现在近 3 000 元的零售价，这已经是茅台多次调价的结果，茅台的涨价也催生出酒企一个另类的市场，那就是藏酒和老酒的拍卖市场。实际上，不光是紧追茅台的五粮液在不停地提价，就连二线品牌中的郎酒也不断对标茅台，其最高端的青花郎，已经从 600~800 元的零售价涨到了 1 000~1 200 元的价格区间。也就是说，2019 年开始，所有的上市酒企似乎如果不在自己的年报里面体现出高端产品的差异化战略，就好像跟不上整个行业的发展形势一样。然而，跟不断涨价还供不应求的茅台相比，顺鑫农业旗下的牛栏山二锅头 2016 年销量还不到 50 亿元，但仅用三年销售额就超过了 100 亿元。

不断涨价还一酒难求的茅台与低端放量却快速增长的牛栏山，实际上是中国酒业市场格局和社会财富分化最佳的比喻和代表。在消费继续升级大趋势下，一年 8 亿瓶的"大众酒之王"牛栏山二锅头所占据的市场，已经成为一个白酒的黄金价位段。牛栏山二锅头的厂家使用的是传统二锅头酿造的技艺，使得二锅头这种不超过 20 元的光瓶白酒，成了老百姓买得起的最便宜的粮食酿造酒。别看牛栏山最高也就是二三十元的价格，但每箱 12 瓶的牛栏山，酒厂却可以给经销商留出 25％～30％ 的利润空间。因此，借助成本领先战略，牛栏山稳坐酒类市场销量的冠军。根据 2019 年年报显示，顺鑫农业的牛栏山白酒产业营业收入达 102.89 亿元，同比 2018 年增长了 10.91％。

【解析】

差异化战略是企业所提供的产品或服务与众不同，或者功能多，或者款式新，或者外观美。这种与众不同的战略，可以为企业在行业中赢得超常的收益，因为它有助于建立起企业的防御地位，筑造出"护城河"，通过利用客户对企业品牌的忠诚度而使企业处于竞争优势。实施这种差异化战略，往往需要企业不断在研发、营销等有关方面进行大规模投入，以使企业持续保持技术引领和品牌优势。由于这种客户的忠诚度通常会使企业的产品因具有排他性和不可替代性而获得较高的毛利率，最终也能够保证企业获得高于同行业平均水平的利润。采用这种竞争战略的企业，相对的"高盈利、低周转"通常是其财务后果在财务报表中的具体体现。

差异化战略是将企业所提供的产品或服务予以差异化定位，以其独特的、不可替代的品质在该行业或该领域赢得市场。实现差异化战略可以有多种方式，如设计品牌形象、保持技术和性能领先、更好地服务顾客、打造商业网络及其他方面的独特性等。但这一战略往往与提高周转率、扩大市场份额的目标不可兼顾，因为在实施企业差异化战略的过程中通常要伴随着很高的成本代价（如研发和营销等各项投入），有时即便该领域的顾客都认识到企业的独特优势，也不可能所有顾客都有意愿或有能力支付该企业所制定的高价格。

第 92 问　什么是聚焦战略分析

【案例】

格力空调是中国家电企业中唯一坚持聚焦战略的企业，空调业务占到整体业务的97%，是全球最大的家用空调制造商，通过品牌和市场多年聚焦所形成的绝对优势保证了较高的市场份额，产品议价能力强，在不断上涨的成本的情况下，依然能保持着较高的市场份额。

【解析】

聚焦战略是指把经营战略的重点放在一个特定的目标市场上，为特定的地区或特定的购买者集团提供特殊的产品或服务，即指企业集中使用资源，以快于过去的增长速度来增加某种产品的销售额和市场占有率。该战略的前提思想是：企业业务的专一化，能以更高的效率和更好的效果为某一狭窄的细分市场服务，从而超越在较广阔范围内竞争的对手们。这样可以避免大而弱的分散投资局面，容易形成企业的核心竞争力。

聚焦战略与其他两个基本的竞争战略不同。

成本领先战略与差别化战略面向全行业，在整个行业的范围内进行活动。而聚焦战略则是围绕一个特定的目标进行密集型的生产经营活动，要求能够比竞争对手提供更为有效的服务。公司一旦选择了目标市场，便可以通过产品差别化或成本领先的方法，形成聚焦战略。就是说，采用重点集中型战略的公司，基本上就是特殊的差别化或特殊的成本领先公司。由于这类公司的规模较小，采用聚焦战略的公司往往不能同时进行差别化和成本领先的方法。

如果采用聚焦战略的公司要想实现成本领先，则可以在专用品或复杂产品上建立自己的成本优势，这类产品难以进行标准化生产，也就不容易形成生产上的规模经济效益，因此也难以具有经验曲线的优势。如果采用聚焦战略的公司要实现差别化，则可以运用所有差别化的方法去达到预期的目的，与差别化战略不同的是，采用聚焦战略的公司是在特定的目标市场中与实行差别化战略的公司进行竞争，而不在其他细分市场上与其竞争对手竞争。在这方面，重点集中的公司由于其市场面狭小，可以更好地了解市场和顾客，更好地提供产品与服务。

第 93 问　什么是资产减值处理

【案例】

在哈尔滨秋林集团股份有限公司（以下简称"秋林集团"）2019 年度审计报告中，注册会计师因秋林集团的某些会计处理而发表了"无法表示意见"，其中涉及流动资产的会计处理的相关描述为："因审计范围受到限制，我们对贵公司上期财务报表项目中应收账款、其他应收款、存货、可供出售金融资产、收入成本等项目账面价值和发生额无法认定，因而出具了无法表示意见的审计报告。截至 2019 年 12 月 31 日，涉及对应数据的应收账款余额 27 380.33 万元，坏账准备 1 480.66 万元，其他应收款 393 231.70 万元，坏账准备 388 237.67 万元，存货 14 654.56 万元，跌价准备

263.43万元，因贵公司相关子公司已停止经营，我们无法实施有效的审计程序，无法判断上述上期数据及事项对本期财务报表的影响。"

如果企业在各个会计年度结束时所进行的减值准备处理基本正确，则常识告诉我们，由于企业应该在确认发生减值的会计期间进行减值处理，因此资产减值是逐年发生的，这一般不会造成资产减值损失的"大起大落"。

秋林集团上述在2018年年报中对相关项目进行的减值处理，就属于这种减值损失集中爆发的情形。因此，企业非常有可能在过去的几年中计提了并不充分的资产减值，这应该归属于会计的异常处理问题。

当然，如果企业2018年度计提的资产减值是恰当的，那只能说明企业的会计处理还原了相关资产质量的本来面目。

如果是以前年度计提的减值损失过低，其引起的财务报表表现则是：由于企业在相关年末的资产减值损失被低估，因此企业的流动资产——应收账款被高估，企业的流动资产对流动负债的保障程度被高估。

这也就是说，在之前诸多年份里，企业的流动资产价值并没有财务报表所显示的那么高。

【解析】

按照会计准则的要求，企业应该在会计期间结束编制财务报表时，对各项资产进行减值测试，减值测试一般被认为是专业判断。如果某项资产被认定为出现了减值，就要将资产负债表上相关资产的披露价值降至扣除减值损失后的净额。

但是，在实践中，企业可能由于各种原因，在减值测试的处理上出现偏差。

一方面，在应该进行减值处理的时候，企业由于希望保持原有的盈利能力以及良好的财务状况外在形象，可能并不进行减值处理，或者虽进行减值处理，但减值处理的力度不够。但是，"纸里包不住火"，当减值问题积攒到相当程度的时候，其减值不当引起的问题一定会爆发，此时就会出现集中计提资产减值损失的情况。

另一方面，在企业盈利状况非常好的时候，为了未雨绸缪，企业过早地高估计提资产减值损失。在过早过高地估计流动资产减值损失的条件下，企业的流动资产就会被低估，其账面价值对流动负债的保障程度就会降低。

第 94 问　什么是每股现金股利指标

【案例】

兄弟俩各出 100 元合伙做布匹生意，弟弟只管出钱得分红，哥哥不但出钱还负责经营。到了年底，哥哥对弟弟说："我们今年可没少赚钱，至少赚了 300 元。"可是等到给弟弟红利的时候，就给 50 元。弟弟就不免要问："你不是说赚了 300 元吗？该分给我 150 元才对，怎么才给 50 元呢？"哥哥只好道出苦衷："赚了 300 元不假，可是刘家裁缝店欠的 160 元还没有收回来，开春进货便宜，我还要留些钱多进点货才好，你这是不当家不知道柴米贵！"在这里，300 元是收益，而分配的现金 100 元（兄弟各 50 元）就是现金股利，用 100 除以 300，得到的就是股利支付率。

【解析】

每股现金股利（简称"每股股利"），是现金股利总额与普通股股数

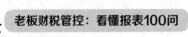

的比值。即使在企业盈利很好的状态下，上市公司的股利分配政策仍然受到股东对股利分配偏好（即有的股东喜欢在当期多分一些现金，有的觉得现在少分一些也没有关系，重要的是企业的长期发展）、企业现金流状态、企业近期发展规划、上年股利支付率、行业目前股利分配状态等诸多因素的影响。因此并不是企业有多少收益，投资者就可以分到多少收益的，就算是分得收益，也不一定是现金股利，还有可能是股票股利、财产股利等，而每股股利表现的是每一普通股获取现金股利的多少，它比每股收益能更直接地体现投资者得到的当前利益。其计算公式为：

每股现金股利 =（现金股利总额 – 优先股现金股利）/ 普通股股数

每股现金股利由于直接与投资者的当期现金收入挂钩，传递给投资者的信息是"企业运转还不错"，能增强投资者对企业的信心。

有研究表明，一个公司的股权越集中，其发放现金股利越不稳定；而股权越分散，其发放现金股利越稳定。也就是说，是否能在每年稳定地发放现金股利，与股东结构直接相关。

第 95 问　什么是市盈率指标

【案例】

如果目前 1 年期银行存款利率为 10%，则上市公司市盈率为 10（1/10%），这是比较合理的；而如果银行存款利率上升到 12%，则市盈率应降低到 8.33（1/12%）比较合理。如果银行存款利率降低到 8%，则市盈率应上升到 12.50（1/8%）比较合理。

【解析】

市盈率又称本益比，是普通股每股市价与普通股每股收益的比率。即普通股每股市价相当于每股收益的倍数，反映的是投资者对上市公司每元净利润愿意支付的价格，可以用来估计股票的投资报酬和风险，其计算公式为：

市盈率＝（每股市价／每股收益）×100%

市盈率是反映上市公司获利能力的一个重要财务指标。一般来说，市盈率高，说明投资者对企业的发展前景看好，愿意出较高的价格购买该公司股票，所以一些成长性较好的高科技公司股票的市盈率通常要高一些。但是也应该注意，如果某一股票的市盈率过高，则也意味着这种股票具有较高的投资风险。影响公司股票市盈率的因素主要有三个。

（1）上市公司盈利能力的成长性。如果一个上市公司预期未来的盈利能力将不断提高，则说明公司具有较好的成长性，虽然目前市盈率较高，也值得投资者进行投资，因为上市公司的市盈率会随公司盈利能力的提高而不断下降。

（2）投资者所获报酬率的稳定性。如果上市公司经营效益良好且相对稳定，则投资者获取的收益也较高且较稳定，投资者就愿意持有该公司的股票，这样该公司的股票市盈率会由于众多投资者的普遍看好而相应提高。

（3）市盈率也受到利率水平变动的影响。当市场利率水平变化时，市盈率也应做相应的调整。在股票市场的实务操作中，利率与市盈率之间的关系常用如下公式表示：

市盈率＝1÷1年期银行存款利率

上市公司的市盈率一直是广大股票投资者进行中、长期投资选股时的主要指标。但是，在对市盈率指标进行分析时应注意如下问题：

（1）该指标不宜用于不同行业的公司之间的比较，行业不同，其每股收益差别就比较大，市盈率也就不具有可比性。

（2）当每股收益非常低时，可能会计算出一个没有多少实际意义的高市盈率，这时候这一指标就没有作为参考的价值了。

第96问　什么是每股净资产指标

【案例】

某节能环保材料公司年度财报显示，该公司的每股净资产为5.12元，但是通过附注资料关于利润分配的说明可知，目前普通股每股未分配利润为1.50元，而且已经准备向老股东派发股利，这样对于新股东来说，实际的每股净资产应该为3.62元左右。

【解析】

每股净资产是指股东权益与普通股总数的比率。这一指标用来衡量企业每股股票所拥有的资产价值。企业每股净资产越高，股东拥有的资产价值就越多；每股净资产越低，股东拥有的资产价值就越少。其计算公式为：

每股净资产 ＝ 股东权益 / 普通股总数

其中，股东权益指的是公司净资产，它代表公司本身拥有的资产，在会计核算上，相当于资产负债表中的总资产减去全部债务后的余额。每股净资产则是每一股份平均应享有的净资产的份额。

每股净资产是上市公司实力的体现。

（1）每股净资产反映了每股股票代表的公司净资产价值。任何一个企业的经营都是以其净资产为起点和基础的。如果一个企业负债过多而实际拥有的净资产很少，就意味着其经营成果的绝大部分都将用来还债，一旦负债过多出现资不抵债的现象，企业将会面临着破产的危险。所以，了解一个上市公司是否确实拥有经济实力，需要分析其每股净资产。

（2）每股净资产是支撑股票市场价格的重要基础。每股净资产值越大，表明公司每股股票代表的财富越雄厚，通常创造利润的能力和抵御外来因素影响的能力也越强。这样公司的发展潜力也越大，投资者所承担的投资风险也越低。

但是，我们在利用每股净资产来分析企业的发展潜力时，需要同时关注每股净资产的"含金量"，不同的净资产内部结构，分析得出的企业发展实力是有差别的。

总之，每股净资产是根据企业净资产历史成本计算出来的，企业本身资产的含金量如何，需要充分被关注，我们在运用每股净资产指标来衡量企业的发展潜力时，一定要结合其他指标一起考核，经互相印证后才能得出正确结论。

第 97 问　什么是利息保障倍数指标

【案例】

T公司在2018年1月1日向银行借款1 000万元，月息为5%，计划用于新建生产线工程，但是该生产线一直未开工，直到2018年5月1日才购买原材料，开始建设，到2019年11月30日完工，完工后企业仍未归还借款。T公司可以资本化的利息只有5月到11月共7个月的利息支出，1月到4月以及12月的利息都不能资本化，应该直接计入当期的财务费用。但是我们在核算利息保障倍数时要用到的利息费用却是全年的利息支出。

【解析】

利息保障倍数反映了企业用经营所得支付债务利息的能力。如果这一指标太低，说明企业不能用经营所得来按期足额支付债务利息，对债权人和投资者来说，都会认为企业财务风险很高。一般情况下，企业的利息保障倍数至少要大于1；否则，企业将难以生存与发展。这个道理很浅显，不管什么老板，借了多少钱来办企业，到了年关，连归还借款利息的钱都没有的话，这企业就是白忙活一年，老板也得不到任何收益，企业当然不可能生存下去。

也有可能，我们看到利润表上的利息费用为负数，这就意味着该企业银行存款大于银行借款。此时，利息保障倍数就无意义了。

总之，利息保障倍数不仅反映了企业获利能力的大小，而且反映了获利能力对偿还到期债务的保证程度，它既是企业举债经营的前提依据，也是衡量企业长期偿债能力大小的重要标志。

利息保障倍数作为反映企业长期偿债能力的指标，存在的明显缺陷是：净利润或者调整的息税前利润，都只是会计核算后的数据，其账面数值并不能作为长期债务和利息的偿付手段，只有企业净现金流量才能真正地偿还企业债务和利息。

第 98 问　什么是应收账款周转率

【案例】

A 公司新来了 3 名即将毕业的大四实习生，财务总监交给他们一个作业，让他们分别独立计算公司 2020 年应收账款周转率指标。提供的资料如表 8 所示。

表8　A公司基本财务数据资料

单位：万元

项目名称	2019年12月31日数据	2018年12月31日数据
营业收入	2 000	
应收账款	990	455
应收票据	1 040	850
计提坏账准备	10	5

甲同学的答案：应收账款周转次数 =（20 000 − 3 000）÷ ｛[（990 + 10）+（455 + 5）] ÷ 2｝= 23.29（次），应收账款周转期 = 360 ÷ 23.29 = 15.46

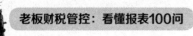

（天）。

乙同学的答案：应收账款周转次数=20 000÷{[（990+10）+（455+5）]÷2}=27.40（次），应收账款周转期=360÷27.40=13.14（天）。

丙同学的答案：应收账款周转次数=20 000÷{[（990+1 040）+（455+850）]÷2}=11.99（次），应收账款周转期=360÷11.99=30.03（天）。

【解析】

应收账款周转率是反映企业应收账款周转速度的比率，它用来衡量一定期间内企业应收账款转化为现金的平均次数，其公式为：

应收账款周转率（次）=销售收入/应收账款

用时间表示的应收账款周转速度称为应收账款周转天数，也称平均应收账款回收期或平均收现期，其公式为：

应收款周转天数=360/应收账款周转率在运用应收账款周转率公式时，我们需特别注意如下几个问题。

（1）公式中的销售收入，应为利润表中的销售收入，即包含了现销收入和赊销收入。这样处理的理由，一是数据易于取得，具有客观性；二是避免了对当期现销收入或赊销收入的逐笔估算带来的麻烦和人为误差。在实务中，将现销收入理解为当日的赊销收入，至于销售退回、折让与折扣已在新企业会计准则的销售收入中抵减，无须再单独列示。所以，上述甲同学的计算过程中，将销售收入减去了现金收入，其答案肯定不正确。

（2）公式中平均应收账款余额，应包括"应收账款"和"应收票据"等科目核算的全部赊销账款。

按照新企业会计准则的规定，企业赊销业务产生的债权，一般涉及的会计科目有"应收账款""应收票据""长期应收款"等。因此，应收账款周转率不能仅仅用资产负债表中"应收账款"项目的数值作为计算依据，而应正确理解为销售业务中的债权资金周转率。因此上述乙同学的答案，不考虑"应收票据"的做法也不正确。

再来看看丙同学的计算，他在计算平均应收账款余额时，虽然考虑到"应收票据"，却将应收账款余额与应收账款账面价值混淆。而报表列示的应收账款账面价值等于应收账款余额减相应的坏账准备，是净额，这应该作为一个常识记住。

所以，正确的应收账款周转次数 =20 000 ÷ {[（990 + 1040 + 10）+（455 +850 +5）] ÷ 2} = 11.94（次），相应的周转天数 =360÷11. 94 =30. 15（天）。

第 99 问　如何进行行业状况分析

【案例】

航空运输产业与宏观经济联系紧密，受宏观经济景气程度的影响较大。

截至 2018 年年底，我国共有航空公司 60 家，中航集团、南航集团、东航集团及海航集团在运输总周转量中所占比重超过 85%，成为市场竞争的主要参与者。在国内航线方面，航空公司之间同质化竞争严重，各家公司之间航运服务差异不大，主要通过"价格战"的形式抢夺客户资源，进行激烈的市场竞争。同时，高速铁路的快速发展对航运服务形成了有力的替代，对航空旅客产生了巨大的分流作用，特别是航行里程在 800 千米以内的航线受到高铁的严重冲击。在国际航线方面，国内航空公司除航线优

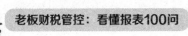

势之外，在服务质量、运营效率等方面较国外同行均存在一定差距，难以展开正面竞争。

从供应商的角度分析，全球大型民用飞机制造商目前只有波音、空客两家公司，因此航空公司在采购飞机时议价能力相当有限。国际原油市场通常决定航空燃油成本——航空燃油成本是航空公司日常运营中最重要的成本开支，占营业成本的比例介于25%~40%，航空公司通常只能被动地接受航油价格波动，一般不具有议价能力。虽然一些航空公司可以通过购买与航油相关的商品期货或期权等金融衍生工具提前锁定航油成本，降低航油价格波动风险，但购买金融衍生工具的交易本身只是消除了价格不确定性，无法保证提前锁定的价格一定低于未来航油的实际价格。当提前锁定的价格高于未来航油的实际价格时，航空公司需要承担相应的亏损。2008年在国际油价大幅波动的情况下，东方航空原油衍生工具亏损63亿元，中国国航航油衍生合同亏损72亿元。

由于市场竞争激烈，各家航空公司航运服务的差异并不显著，非公务旅客对机票价格较为敏感。如果同一条航线上存在多家航空公司竞争，则单个航空公司对客户的议价能力相对有限。公务旅客对机票价格一般并不十分敏感，但如果宏观经济走弱、企业经营业绩下滑，则费用预算额度将被削减，很多企业通常会首先选择减少差旅费开支，航运服务的需求会因此大幅下降。

目前国内航空公司的利润中有很大比例来源于政府补助。例如，2018年中国国航、南方航空、东方航空及海航控股四家上市公司的政府补助金额分别为31.3亿元、44.5亿元、54.3亿元、15.7亿元，前三家公司的政府补助分别占当年利润总额的31.4%、99.1%、140.3%，海航控股当年亏损36.7亿元。此外，政府航空管制、天气状况等也常常对航空公司的正常运营产生巨大影响。综合以上情况，国内航空运输产业的发展面临较多的约束与困扰，盈利前景具有较大的不确定性。

【解析】

行业状况分析可以从市场化程度、市场竞争特征、产品需求特征、生产技术特征等几个方面考虑，还可以对行业进行生命周期分析。美国哈佛大学的迈克尔·波特教授曾提出行业盈利能力分析的"五力模型"，即一个行业的盈利能力由现有企业间的竞争、新进入企业的威胁、替代产品的威胁、客户的议价能力及供应商的议价能力五种力量决定，因此也可以从这五个方面进行产业状况分析。

第100问　如何判断企业的长期偿债能力

【案例】

表9　鑫元公司资产负债

编制单位：鑫元公司　　　　　　　2019年1月9日　　　　　　　单位：万元

资产	2018年年初	2018年年末	负债及所有者权益	2018年年初	2018年年末
流动资产			流动负债		
货币资金	450.00	600.00	短期借款	170.00	180.00
应收票据	180.69	113.00	应付账款	130.26	170.25
应收账款	210.28	230.36	应付职工薪酬	70.00	75.00
存货	160.00	310.26	未交税金	130.00	140.00
其他流动资产	50.00	50.00	其他流动负债	40.00	30.00
流动资产合计	1050.97	1303.62	流动负债合计	540.26	595.25

续表

编制单位：鑫元公司　　　　　　　　　2019年1月9日　　　　　　　　　单位：万元

资产	2018年年初	2018年年末	负债及所有者权益	2018年年初	2018年年末
非流动资产			长期负债		
投资性房地产	28.00	45.00	长期借款	240.00	290.00
长期投资	70.00	90.00	应付债券	30.00	40.00
固定资产			长期应付款	30.00	35.00
固定资产原价	670.00	670.00	其他长期负债	16.00	18.00
减：累计折旧	20.00	40.00	长期负债合计	316.00	383.00
固定资产净值	650.00	630.00	负债合计	856.26	978.25
无形资产及递延资产	290.00	290.00			
其他长期资产	15.00	16.00			
非流动资产合计	1025.00	1026.00			
资产总计	2075.97	2329.62			

【解析】

企业的长期偿债能力主要与6个指标紧密相关，分别是资产负债率、股东权益比率、资本周转率、产权比率、清算价值比率与长期资产适合率。我们接下来对这6个指标进行逐项分析。

1.资产负债率

它是企业负债总额占企业资产总额的百分比。该指标反映了在企业的全部资产中由债权人提供的资产所占比重的大小，以及债权人向企业提供信贷资金的风险程度，还反映了企业举债经营的能力。

那么，从资产负债率中，我们可以获悉什么样的含义呢？应该说，从不同的角度上看，具有不同的含义。首先，资产负债率可以揭示出资产总额里有多大比例是债权人提供的；其次，从债权人的角度来看，资产负债率越低越好，因为资产负债率要是很高的话，说明企业资产大部分来自负债，显然不利于偿还债权人的债务；再次，对投资人或股东来说，资产负债率较高些，可能会带来一定好处，比如，企业可以通过财务杠杆、利息税前扣除、用较少的资本（或股本）投入来获得企业的控制权等；最后，从经营者的角度来看，他们最关心的是在充分利用借入资金给企业带来好处的同时，尽可能降低财务风险。

由此可知，在企业不会发生债务危机的前提下，企业的负债率应该尽可能选择高一些，从而用好财务杠杆等便利。

2. 股东权益比率

所谓股东权益比率，也称为净资产比率，是股东权益总额与资产总额的比率。该比率反映企业资产中有多少是所有者投入的。一般情况下，股东权益比率应当适中，如果该比率过小，表明企业过度负债，容易削弱公司抵御外部冲击的能力；而比率过大，意味着企业经营者没有积极利用财务杠杆作用来扩大经营规模。

3. 资本周转率

所谓资本周转率，又称为净值周转率，是可变现的流动资产与长期负债的比率，反映公司清偿长期债务的能力。该指标是为了衡量企业自有（经营）资本的运用程度，即衡量企业资产管理效率的重要财务比率。一般情况下，资本周转率越大，表明公司近期的长期偿债能力越强，债权的安全性越好。由于长期负债的偿还期限长，所以，在运用该指标分析公司的长期偿债能力时，还应充分考虑公司未来的现金流入量、经营获利能力和盈利规模的大小。

在分析企业的资本周转率时，我们要结合企业所处行业的特点，进行综合分析。比如说，假如企业的资本周转率很高，但未来的发展前景不乐观，也就是说，企业未来可能的现金流入量少，经营获利能力弱，而且盈利规模小，那么公司实际的长期偿债能力将会变弱。

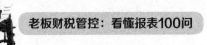

4. 产权比率

所谓产权比率，是负债总额与所有者权益总额的比率。一般来说，产权比率可以反映股东所持股权是否过多，或者是否充分等，还可以从侧面表明企业借款经营的程度。通常情况下，产权比率越高，说明企业偿还长期债务的能力越弱；产权比率越低，说明企业偿还长期债务的能力越强。所以，产权比率可以用来表明由债权人提供的和由投资者提供的资金来源的相对关系。一般而言，所有者提供的资本大于借入资本为好，当然这并不是绝对的，需要视具体情况而定。

另外，产权比率还可以表明债权人投入的资本受到所有者权益保障的程度，或者说是企业清算时对债权人利益的保障程度。所以，产权比率反映了企业自有资金偿还全部债务的能力，是衡量企业负债经营是否安全有利的重要指标。一般情况下，我们认为这个指标在低于100%时，表明企业长期偿债能力较强，债权人权益保障程度较高，债权人承担的风险较小。当然，这也并非一概而论，需要结合企业的经营方针来定。

5. 清算价值比率

所谓清算价值比率，是企业有形资产与负债的比率，该指标反映公司清偿全部债务的能力。一般情况下，该指标值越大，表明企业的综合偿债能力越强。另外，由于有形资产的变现能力与变现价值受外部环境的影响较大，而且很难确定，所以运用该指标分析公司的综合偿债能力时，还需要充分考虑有形资产的质量及市场需求情况。假如公司有形资产的变现能力差、变现价值低，那么公司的综合偿债能力就会受到不利影响。

6. 长期资产适合率

所谓长期资产适合率，是企业所有者权益与长期负债之和，再除以固定资产与长期投资之和的比率。该指标从企业资源配置结构方面反映了企业的偿债能力，其中的长期投资总额，包括持有至到期投资、可供出售的金融资产与长期股权投资等。我们从维护企业财务结构稳定与长期安全性的角度出发，一般来说，该指标数值较高会比较好，但凡事都不能绝对，如果该指标值过高，会加重企业的融资成本。所以，从理论上来说，长期资产适合率在100%以上为宜；但在实际运用中，对于不同的企业，可以根据自身的不同情况，参照行业内的平均水平来确定。综上所述，长期资产适合率从企业长期资产与长期资本的平衡性与协调性的角度出发，反映了企业财务结构的稳定程度与财务风险的大小；而且，该指标在充分反映企业偿债能力的同时，还反映了企业资金使用的合理性，以及企业是否存在盲目投资、长期资产是否挤占流动资金、负债使用是否充分等问题，这些都有利于加强企业的内部管理和外部监督，这进一步说明，能够读懂财务报表，对企业经营管理也是非常重要的。